In copertina - on cover: Antropomorfo, cm 24x24x22

bernarda.visentini7@tin.it
www.archeosculture.com

Le opere scultoree di Bernarda Visentini appartengono idealmente a tutti noi più, forse, di ogni altra opera scultorea mai realizzata. La loro ieratica stasi echeggia i millenni oscuri in cui l'uomo, come un bambino disperso nel mondo, celebrava la sua sorte e le sue azioni con la pietra, rendendola antropomorfa testimone delle paure, delle speranze, della religione, della vita e della cultura. La Visentini percepisce energie sopite, residenti ancora nei luoghi dove i nostri antenati dimoravano e costruivano templi, luoghi sacri e residenze solenni. Il suo animo assorbe queste energie e dopo le regala al materiale scultoreo che acquisisce lo stesso valore suggestivo, creando perfezione evocativa. La Visentini guarda prima della civiltà codificata dalla scrittura, sconfina oltre i pantheon a noi noti per approdare verso le "Grandi Madri" ctonie che sovente si identificano con la Natura stessa creatrice, distruttrice e veicolo verso l'inesorabile fine della vita umana. La "scienza" dell'uomo bambino diviene a noi familiare, percepibile e rivive in ogni linea od oggetto scolpito dalla Visentini. Una "scienza" degli albori quando i nostri antenati accortisi che le stelle non si potevano toccare neanche salendo sulle più alte montagne, ammiravano il cosmo con sommo rispetto verso l'armonia presente in tutto. Dovremmo noi moderni prendere esempio da loro nel nostro quotidiano vivere, pensare e scoprire. Abbiamo una sola casa che ci può ospitare. Altrimenti le stelle rimarranno sempre lontani puntini luminosi.

The sculptural works of Bernarda Visentini ideally belong to all of us more, perhaps, than any other sculptural work ever made. Their hieratic stasis echoes the dark millennia in which man, like a child lost in the world, celebrated his fate and his actions with the stone, making it an anthropomorphic witness to the fears, hopes, religion, life and culture. Mrs. Visentini perceives dormant energies, still living in the places where our ancestors dwelt and built temples, sacred places and solemn residences. Her soul absorbs these energies and after she gives them to the sculptural material that acquires the same suggestive value, creating evocative perfection. Mrs. Visentini looks before the civilisation codified by writing, overthrows the pantheon known to us to arrive at the "Big Mothers" chthonic that often identify with the nature itself, creator, destructor and vehicle towards the inexorable end of human life. The "science" of the *child man* becomes familiar to us, perceivable and it relives in every line or object carved by the Mrs. Visentini. A "science" of the dawn when our ancestors realised that the stars could not be touched even climbing the highest mountains, they admired the cosmos with supreme respect for the harmony present in all. We modern men should take them as example for our daily living, thinking and discovering. We have only one house that can accommodate us. Otherwise the stars will always remain distant bright spots.

Dino Marasà

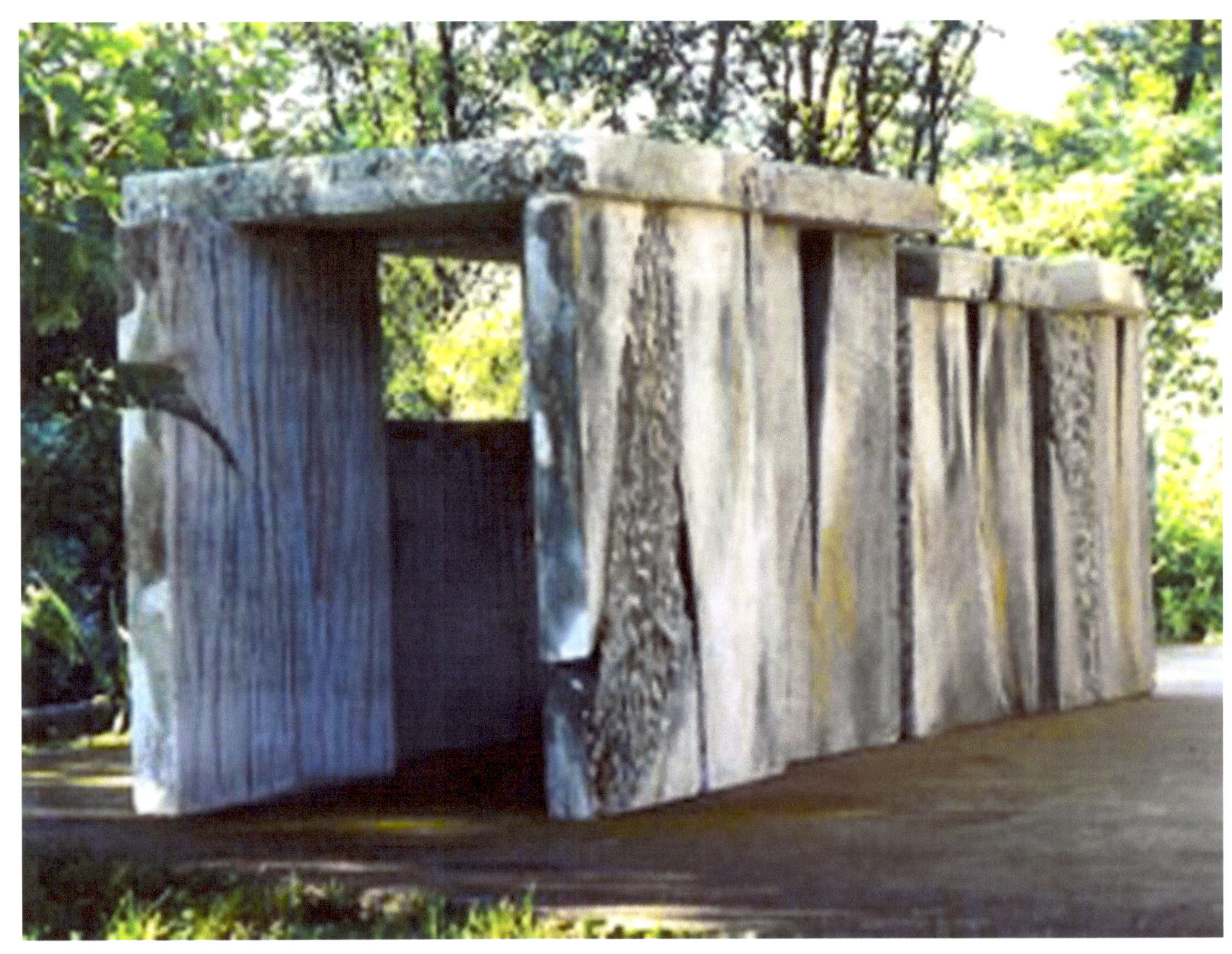

Dromos, cm 250x90x90

DAGLI ESORDI AD OGGI

Ho coltivato fin da piccola la passione per l'Arte, ho vissuto sempre a contatto con l'ambiente naturale, fonte di ispirazione, nel quale mi sono immersa imparando a conoscerlo e scoprirne la bellezza, i profumi, i colori. Man mano che crescevo mi sono esercitata con matite e pastelli, ho realizzato ritratti, paesaggi, quadri astratti, via via sperimentando tecniche che contribuivano a "passaggi artistici" sempre più maturi. Ho trovato, per merito di queste attività, tanta serenità che mi permetteva di estraniarmi e superare completamente tutti i malesseri che potevano intaccare il mio carattere estroverso e positivo. Con la maturità e le esperienze di viaggio che ho sempre amato, ho approfondito la ricerca artistica, soprattutto scultorea a cui sono giunta per naturale evoluzione. Grazie a diversi siti archeologici da me esplorati e ad un contatto sempre più profondo con la Natura, ne ho colto gli affascinanti messaggi allusivi alla spiritualità dell'uomo preistorico che, immerso nell'osservazione dell'universo, vedeva nella Natura stessa la Dea Madre creatrice e rinnovatrice di vita. La mia ricerca è diventata, sia sul piano archeologico che scultoreo, impegno e passione autentici a cui mi sono dedicata a tempo pieno dall'anno 1980. Allora sono riuscita ad armonizzare, per un processo naturale di maturazione artistica, l'idea, la pittura, il segno con la forma plastica.

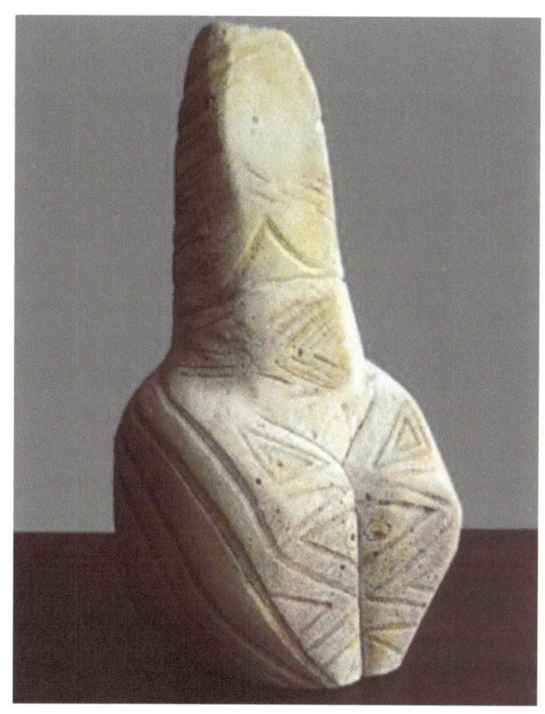

Dea Madre, cm 52x23x23

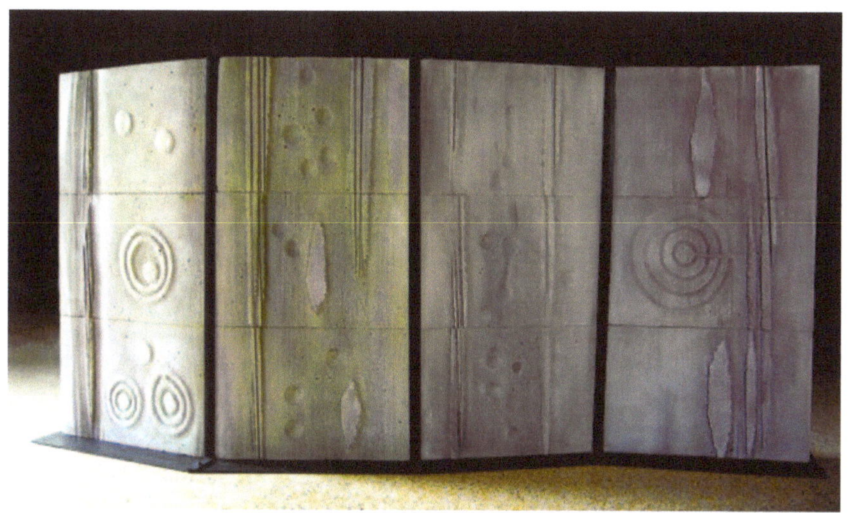

Ideogrammi in sequenza, cm 240x120x6

Per quanto concerne l'idea cioè il discorso concettuale insito nelle mie opere, attraverso una continua introspezione, ho voluto recuperare l'energia vitale primordiale che è presente in me ed in ciascuno di noi. Ho percepito le pulsioni dell'umanità, quali forze vitali; ho sentito il desiderio di farle emergere dal passato e dall'oblio assieme all'intenzione di recuperare le radici dell'umanità per farle rimanere nel presente e di esse permeare il futuro.

Mi rigenero e ritrovo io stessa le mie origini ogniqualvolta riesco a realizzare un viaggio archeologico ed essere fisicamente sui luoghi calpestati dai nostri progenitori. Così in Dordogna-Perigord, sulle Alpi Marittime dove migliaia di incisioni rupestri incantano lo sguardo, ed ancora nel Nord-Europa alle Orcadi, all'interno del villaggio neolitico di Skara Brae, in Irlanda dentro le tombe a tumulo, nel Mediterraneo a Malta dove è presente il desiderio di trascendenza dell'uomo concretizzatosi nei grandi templi dorati. Si susseguono così, anno dopo anno, suggestioni, segni antichi pregni di significati concettuali.

Durante questi viaggi la natura e l'antica voce dell'uomo da me ascoltate non possono che suggerirmi l'idea per la realizzazione di sculture. Giocando, esercitando la curiosità e la sensibilità come faceva l'antico Homo sapiens per l'appunto, cercando di avere io stessa con il cosmo un rapporto libero e costruttivo, non è difficile soddisfare la mia fantasia.

Sottolineo che non intendo riportare una cultura passata nel presente, ma ricercare un nuovo rapporto con la realtà odierna. Riappropriarsi di un passato che è dentro di noi, conoscere la nostra storia totale, capire da dove veniamo, quali siano gli archetipi della nostra concettualità: sono questi gli elementi per acquisire una coscienza del nostro essere, indispensabile per guardare anche al futuro. Oggi viviamo una sorta di eterno presente. Il mondo si dilata, ma non si sviluppa ed il senso della storia sfugge. L'ossessione della tecnologia ha sostituito qualsiasi progetto. Il "come" ha preso il sopravvento sul "chi" e "perché", oscurando altri interrogativi esistenziali. Ecco: queste percezioni mi fanno sentire la Storia dell'Uomo attraverso le tracce che

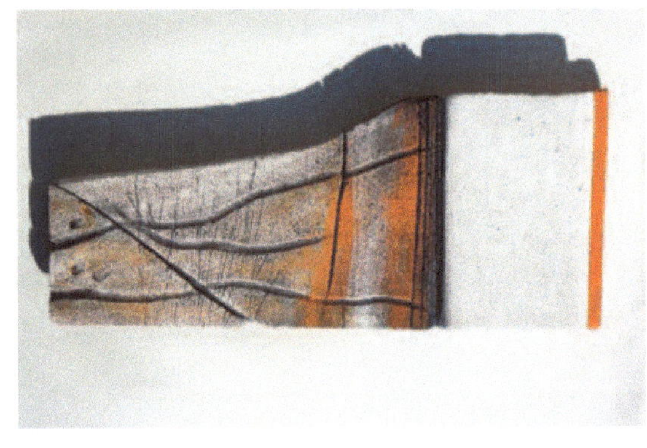

Pagina, cm 75x32x5

individuo. Un parlare attraverso i secoli affascinante e cifrato, che contiene qualche cosa di noi e ci aiuta a frenare il fluire troppo rapido degli accadimenti. "L'approccio alle immagini, ai segni, agli ideogrammi dell'uomo dei primordi - afferma l'illustre archeologo **prof. Emmanuel Anati** - rivela modi di pensare, vedere, comunicare non solo primordiali. Tale linguaggio che ci portiamo dentro fin dalle origini è in parte sommerso e sopraffatto dalle mode, dai momenti, dagli stili che si sovrappongono, ma mantiene alla base ancora le stesse radici, gli stessi paradigmi e princìpi che vanno al di là delle frontiere idiomatiche, delle mentalità provinciali, regionali o nazionali ed ingloba tutta l'umanità." E ancora, in merito alle mie sculture, scrive: "È una memoria che viene fuori dalle tenebre. Il mondo di ieri, che riguarda anche l'arte megalitica, l'arte rupestre, i segni del neolitico, del calcolitico, dell'età del bronzo, riemerge come ricordo prenatale, che era rimasto dentro e che torna alla luce. Questa è la

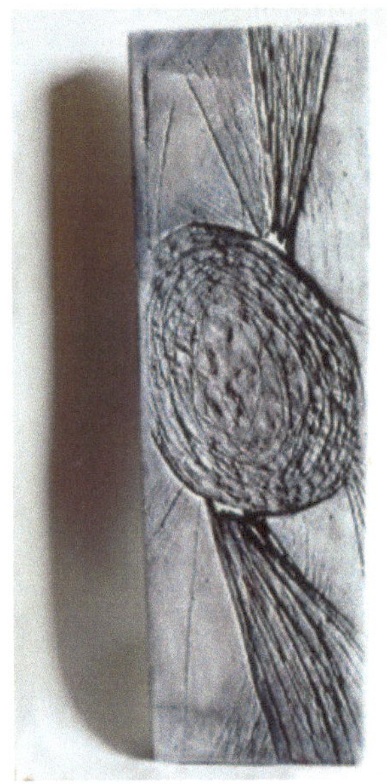

Origini, cm 75x25x3

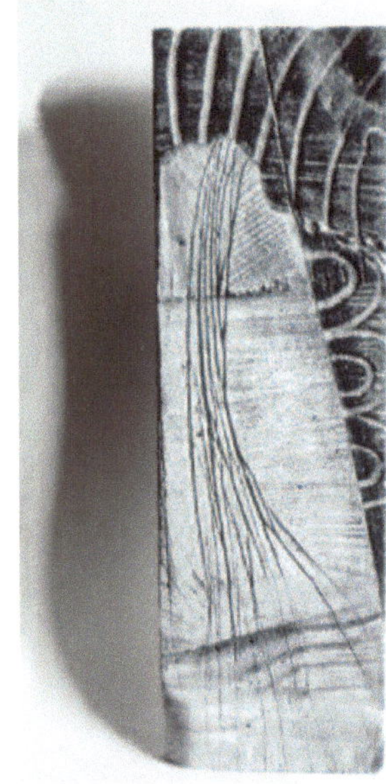

Spirali, cm 75x25x3

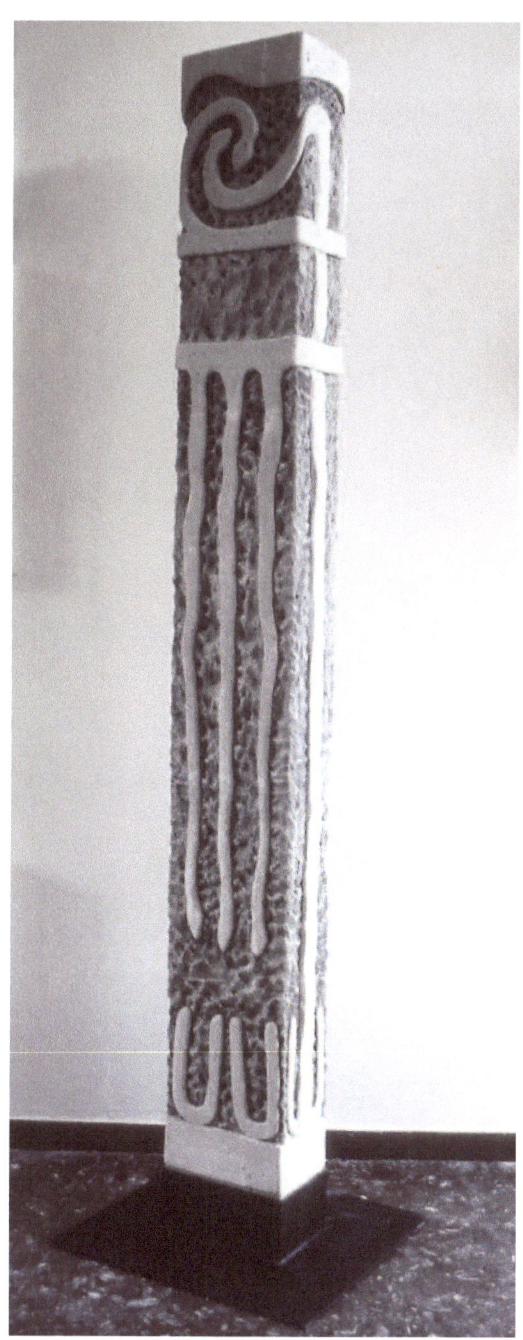

Menhir, cm 200x25x18

via dell'Arte, che piace quando attira, stimola, quando ci ricorda qualcosa che sapevamo già. Non c'è niente che si possa scoprire, ma tutto può essere riscoperto perché nel nostro sommerso abbiamo il ricordo di quella che è stata l'esperienza dell'uomo per millenni. Si crea un contatto con l'opera d'arte che ci aiuta nella riscoperta-scoperta del passato che è sempre presente."

Nei lavori degli ultimi anni mi sono lasciata coinvolgere dai megaliti, tra i primi monumenti del mondo, che destano immenso stupore.

Tali strutture da me rivisitate vogliono proporre l'eccezionalità dell'evento artistico di allora, riportato ad un contesto di attualità. Con ciò si giustifica anche la scelta del materiale della contemporaneità, il cemento leggero, sperimentato al Politecnico di Milano e prodotto in Germania, il cui utilizzo in campo artistico mi è stato riconosciuto per primo anche dalla ditta produttrice. Il cemento così poroso, effimero, che si polverizza a differenza della forte pietra di allora, è metafora del presente che mi ha sempre dato l'idea dell'instabilità, della precarietà, talvolta della mancanza di grandi tensioni e valori. Vorrei che si riflettesse sulle immense potenzialità dell'uomo, sull'arcano che lo circonda, sulla società presumibilmente egualitaria di allora, sulla perfetta sintesi realizzatasi in quel lontanissimo tempo fra terra-uomo-cosmo con l'auspicio che "si apra una effettiva epoca di armonia e di pace in consonanza con le energie creative della natura...", come sostiene l'archeologo **Joseph Campbell.** Sono state da me interpretate le categorie principali in cui si inseriscono le strutture megalitiche. Sottolineo, talvolta, il discorso con il colore-arche-

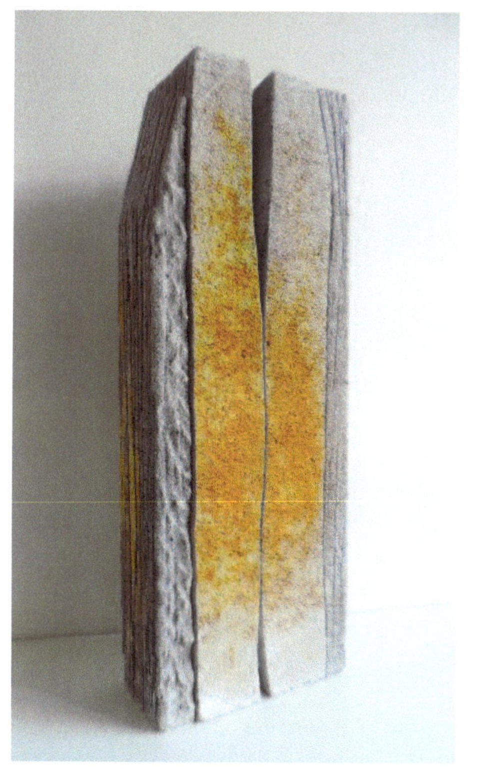

Menhir ossidato, cm 60x24x10

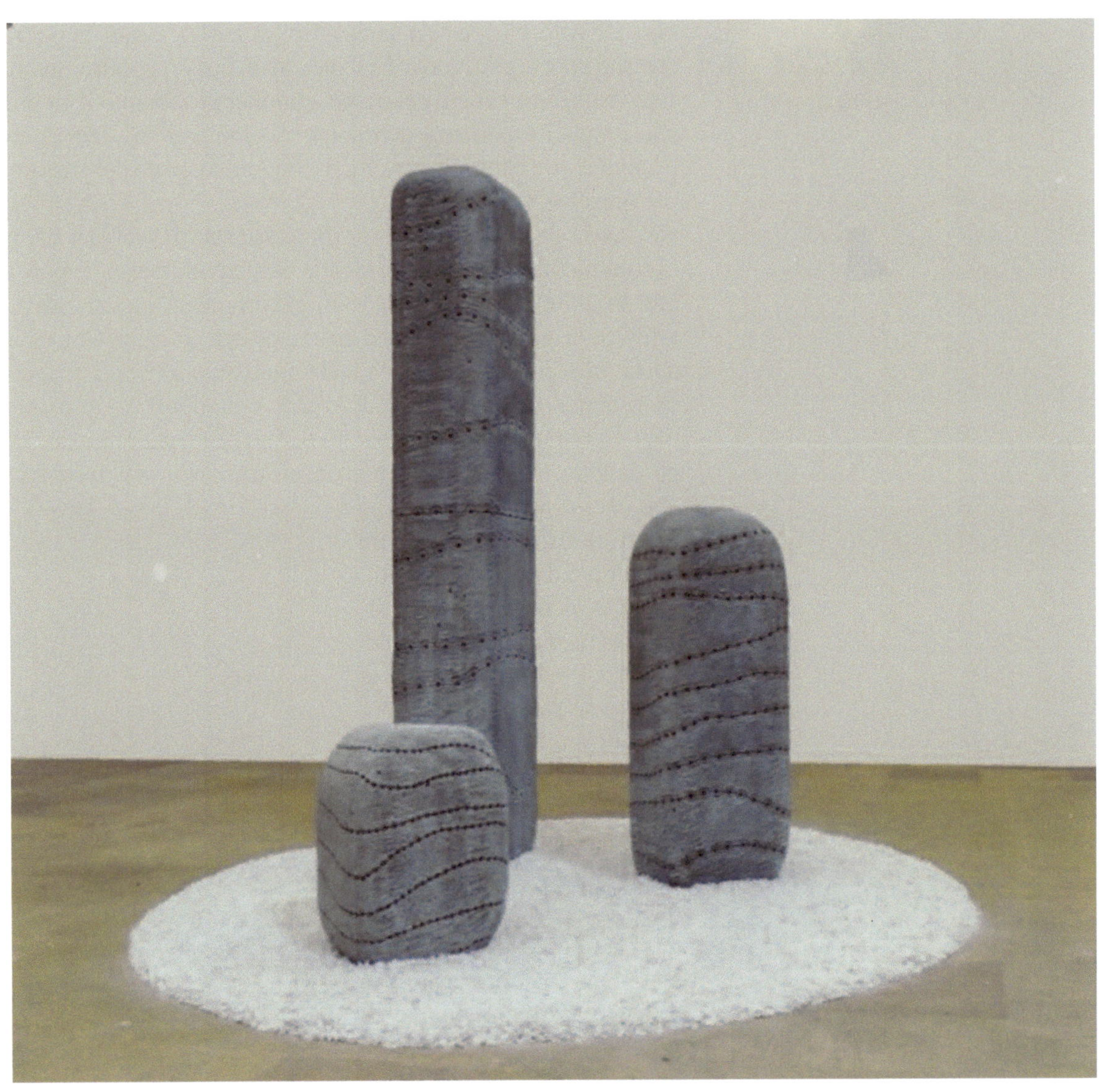

Miktam, cm 30x22x18 - 120x25x30 - 60x22x18

tipo poiché esso ha assunto una sua valenza: è rivelatore di misteri insospettabili, racchiusi dentro di noi, già presenti nei nostri progenitori e rimanda sempre all'essenza più profonda delle cose. Uso generalmente terre naturali proprio per gli effetti caldi, volutamente polverosi anche perché rappresentano l'essere di per sé, non l'artifizio. Talvolta utilizzo altri elementi come la terra, le pietre, la sabbia a cui attribuisco un senso simbolico di osmosi fra interiorità ed esteriorità e che mi permettono, inoltre, l'accentuazione di una unità spaziale. Scrive in merito il **prof. Fred Licht**: "Le opere di Bernarda Visentini presentano una vasta gamma di possibili atteggiamenti verso l'attrazione che la terra esercita. Talvolta le sue forme si ergono liberamente in verticale con uno slancio che ci fa intuire con esattezza l'opposta forza terrestre. Oppure le sue composizioni includono elementi che si legano passivamente alla forza di gravità, sviluppandosi in orizzontale. Una volta stabilito il rapporto disciplinato forza-scultorea / forza-terrestre, l'artista si sente come liberata per far giocare le forme della sua scultura con grande esuberanza." Spesso interagisco con la musica e la poesia dal forte impatto emotivo. Tale contaminazione "...germina significati e ricompone l'esperienza vissuta, mostrando la bellezza e la poesia della Materia come traiettorie infinite, itinerari dell'altrove, echi che rinfrangono il sacro, rizomi molteplici dell'incontro con l'essere, passaggi di parola e forma, aperture verso il mondo"; così scrive al riguardo la **prof.ssa Antonella Riem**, prorettrice dell'Università di Udine.

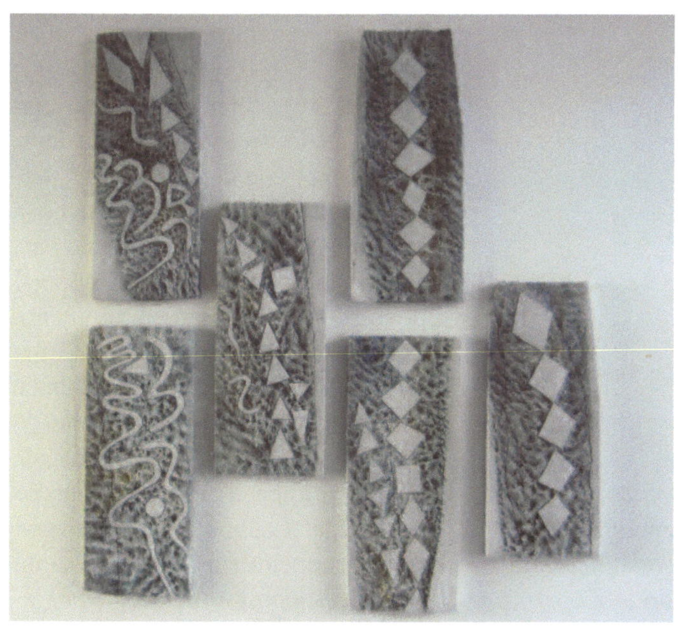

La tavola della vita, 6 elementi da cm 59x25x3,5

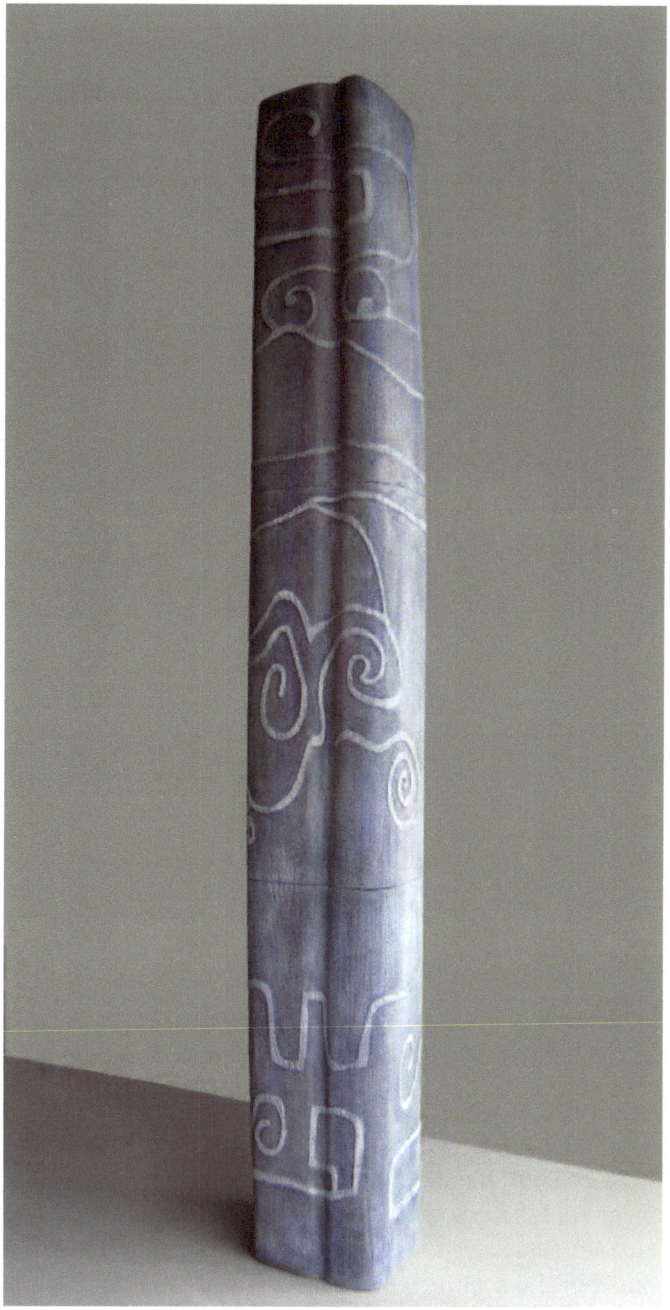

Stele con spirali, cm 167x25x20

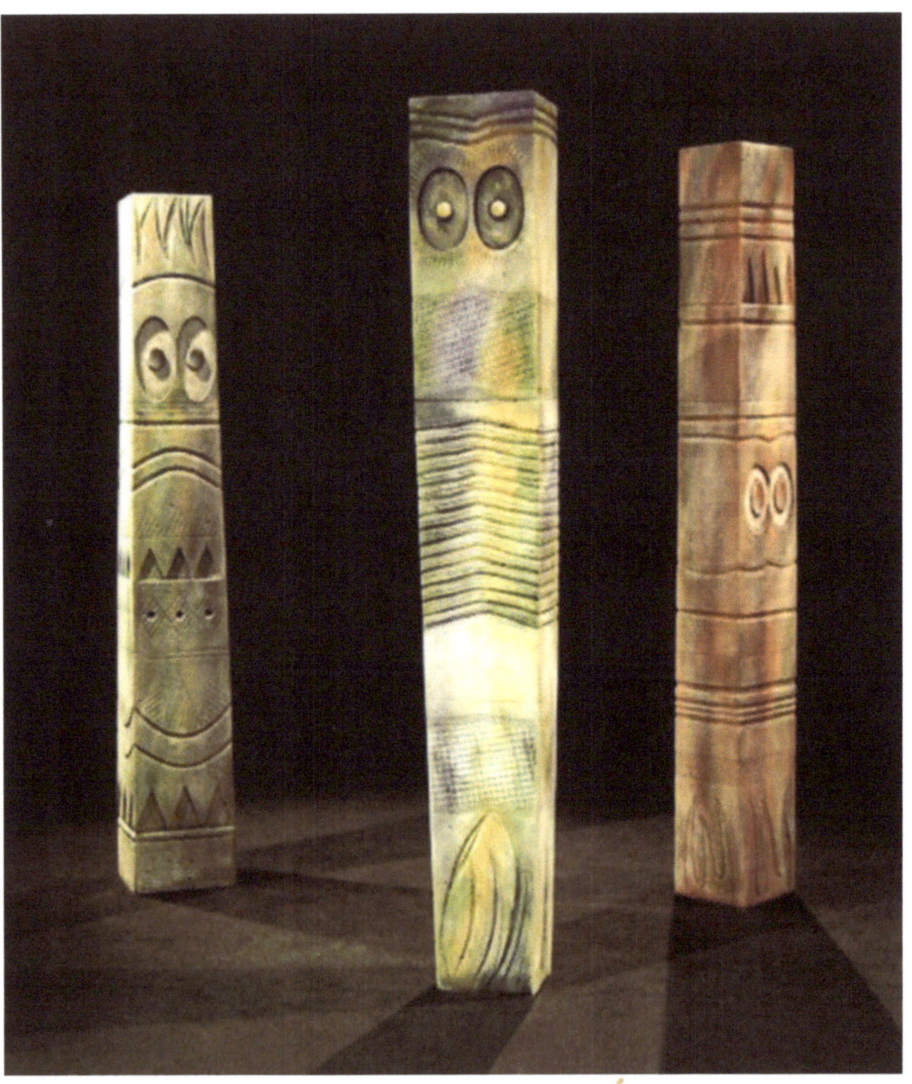

Dee occhio, 3 elementi da cm 180x25x20

In conclusione, la mia ricerca è continuamente orientata verso l'approfondimento del discorso segnico, che è il mezzo di trasposizione di energia. I tagli, talvolta gli avvolgimenti, sono il mio desiderio di cambiamenti possibili od impossibili. Le sculture e le installazioni via via più complesse sono intese come forme potenti e primitive, percezioni dell'universo in cui l'uomo agisce come destinatario dei messaggi provenienti da tutto ciò che è.

Affido al testo critico del **prof. Sergio Rossi**, docente di Storia dell'Arte Contemporanea nell'Università romana La Sapienza, l'inquadramento del mio lavoro scultoreo: "Le statue di Bernarda Visentini non sono fatte per essere contemplate singolarmente, ma vanno ammirate nel loro complesso, come il dipanarsi di un discorso, o se si vuole un racconto, insieme autobiografico e universale, italiano nella sua essenza e nel contempo pieno di riferimenti all'arte africana o addirittura dell'isola di Pasqua. Naturalmente non sono affini alla statuaria classica perché il diritto alla semplicità assoluta e primigenia è stata una delle principali conquiste estetiche contemporanee, ma sono sicuramente piene di un fascino astratto e primordiale che ne costituisce la più autentica peculiarità. Del resto nemmeno i Prigioni michelangioleschi o la stessa Pietà Rondanini sono classici, anzi forse sono la prima compiuta espressione del "brutismo" nell'arte occidentale. E il riferimento a Michelangelo non è certo casuale perché nessuno scultore venuto dopo il Buonarroti, ne sia cosciente o meno, ha potuto o voluto prescindere da quel contrasto tra forma e materia, ordine e caos, ragione e sentimento, di cui la statuaria michelangiolesca è intrisa. Contrasto appena accennato nello Schiavo del Louvre, levigatissimo e quasi interamente finito, ed esasperato invece nel supposto Atlante, povero lacerto di tronco umano oppresso da un peso quasi insopportabile eppure anch'esso assolutamente compiuto nella sua incompiutezza, pronto a sfidarci e venirci incontro non meno del suo così più perfetto "collega". E non ha neppure senso chiedersi se la scultura della Visentini sia astratta o figurativa quando in effetti la nostra artista parte sempre dalle figure umane o comunque da elementi naturalistici, per poi spesso scarnificarli o rimodularli, ritrovarne l'essenza, l'archetipo, che non è mai completamente astratto, cioè lontano o esente dalla realtà, anche quando ci appare nella più geometrica e stilizzata delle forme, ricondotto poi al dualismo primigenio di maschile e femminile, perennemente in conflitto e perennemente in cerca di una alchimistica coniunctio, quella unione, appunto, in cui tutto si ricompone e da cui tutto proviene. Come osserva **Sabrina Zannier** riferendosi ad opere quali Nascita o Dea Aviforme: "La

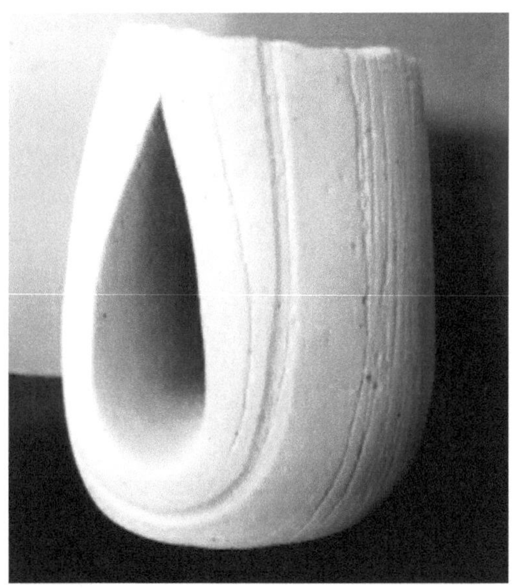

Nascita, cm 30x25x20

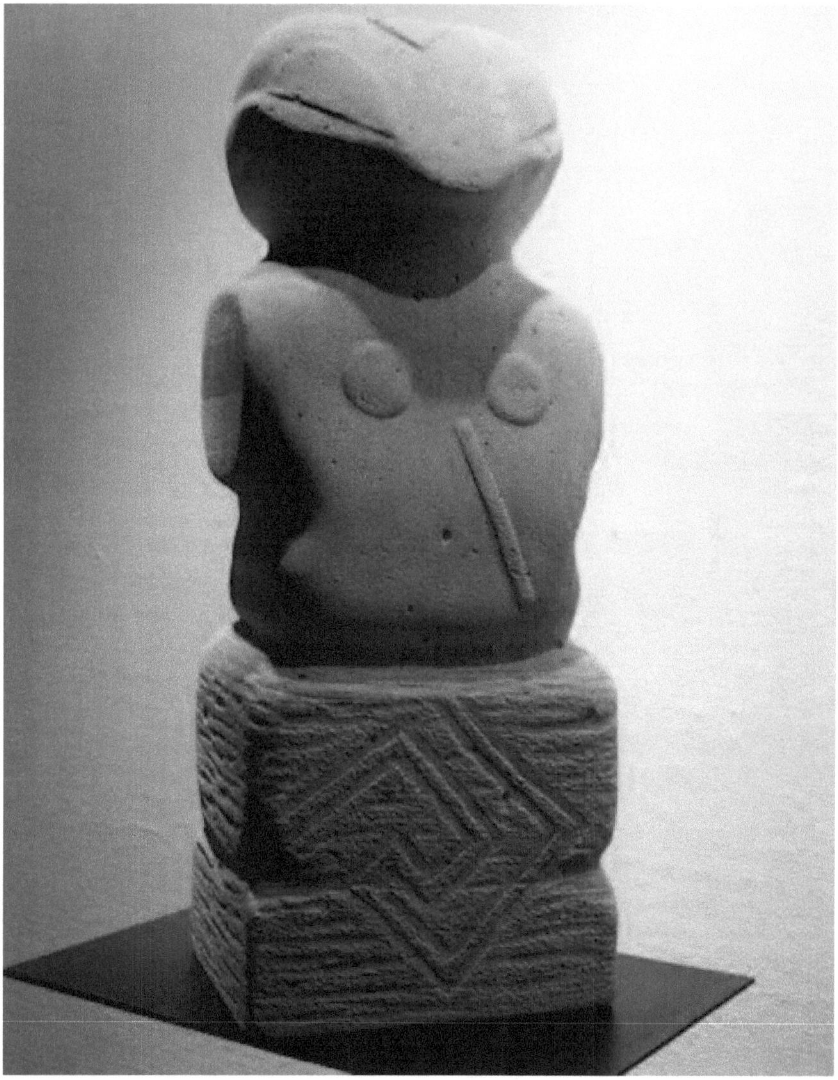

Dea aviforme con bastone, cm 62x25x19

Dea Madre rappresentava la nascita, l'energia vitale, la fessura della vita che, secondo la ciclicità della natura, portava con sé anche la morte nella trasposizione dell'utero materno in grembo terrestre. Dalla Dea Madre che i primitivi declinavano in forme e figure diverse Bernarda Visentini ci conduce ad una Dea trasposta ulteriormente in corpi solidi e volumetrici, ruvidi

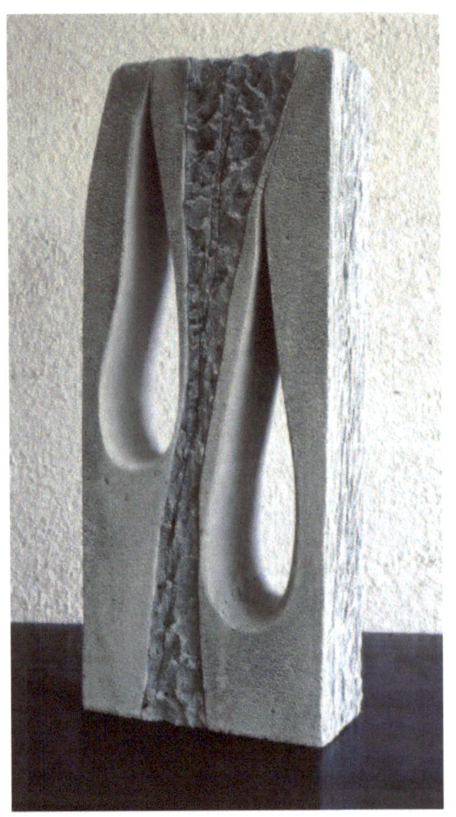

Glifo, cm 60x25x12

e materici, oppure in figure appena accennate, lisce, candide ed eteree, se non addirittura impalpabili come nelle sovrapposizioni di immagini, tese a ricucire quel filo d'Arianna che dalla preistoria dei siti archeologici ci conduce alla sensibilità di un'artista contemporanea." In Glifo, invece, due fessure squarciano la materia come fossero gocce di pioggia giganti, altrove l'equilibrio compositivo è raggiunto attraverso una felice combinazione di rette e di curve, e attraverso il segno che incide la ruvida materia come geroglifici impressi sulla pietra, mentre lo slancio verticale prevale ne L'albero della vita, in Domvoj un semplice cubo contiene al suo interno un sinuoso serpente, il diabolico tentatore o piuttosto l'alchemico ouroboros che si morde la coda e allude alla ciclicità imperitura delle fasi naturali? Io propendo sicuramente per la seconda ipotesi. Come scrive poi **Licio Damiani**: "L'interesse di Bernarda Visentini si rivolge soprattutto al periodo neolitico in cui racconta con entusiasmo un'arte primordiale, ma profonda nei contenuti, che assume valori concettuali e simbolici. L'umanità si identifica con la totalità cosmica e un simbolismo complesso e arcano modula le forme espressive. Per statue e rilievi Visentini usa il cemento leggero trattato come antichissima pietra. Con questo artificio, iconografie remotissime sono calamitate nella contemporaneità e l'oggi si ricollega all'antico. Cippi, blocchi itifallici, strutture totemiche, vortici solari, alberi della vita, snodi serpentini intessono dialoghi serrati in un linguaggio indefinito, incomprensibile e però straordinariamente evocativo." E che la nostra artista abbia conquistato una sua solida cifra stilistica lo confermano le parole elogiative che le ha dedicato **Rossana Bossaglia**: "È circa un secolo che l'arte contemporanea ha intrapreso l'intenso e articolato colloquio con la cosiddetta arte primitiva, o comunque con le matrici

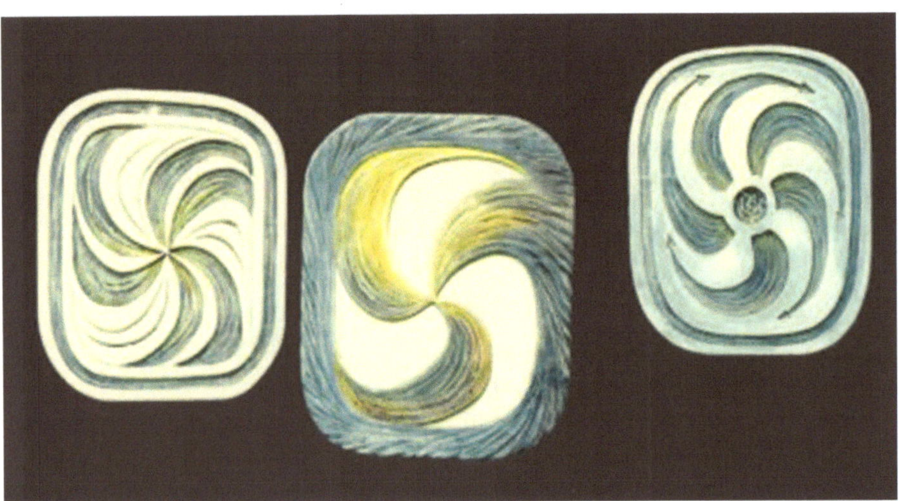

Ruote solari, tre elementi da cm 75x62x7

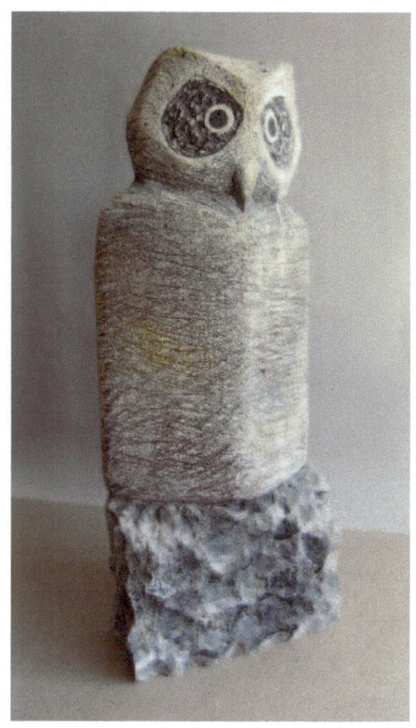

Civetta, fronte e retro, cm 60x25x11

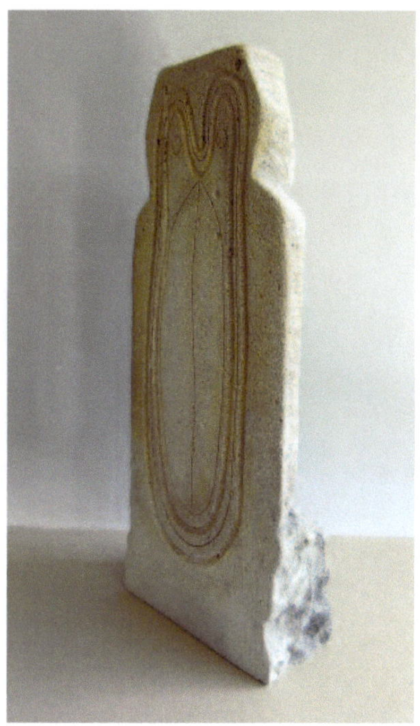

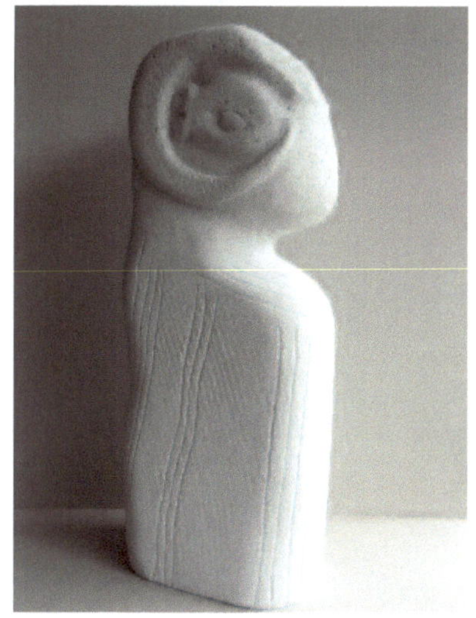

Ariete, cm 62x15x25

chetipi e forme evolute nel tempo con sensibilità storica... Le sue sculture, e le opere dalle tecniche diverse, che raffigurano le "grandi madri", animali dalla forte valenza simbolica (serpenti, civette, arieti), dischi, scudi e così via, colloquiano con i temi ancestrali, immedesimandosi con i loro significati perenni ma esprimendosi in un vitalissimo linguaggio personale." Sicuramente nella produzione della Visentini si riscontrano analogie con Constatin Brancusi e Amedeo Modigliani per ciò che riguarda una essenzialità nelle forme scultoree, accompagnata ad una loro semplificazione, si pensi all'opera Il

arcaiche della figurazione. E questo filone non si è mai più estinto, soprattutto nella pratica della scultura, anche dopo il concludersi delle avanguardie storiche. Ma Bernarda Visentini, tra i contemporanei, non solo mostra di ispirarsi con passione ed immedesimazione a quelle forme elementari e sintetiche, bensì di volerne mantenere i significati rituali e simbolici, di riviverne articolazioni espressive, specie quelle delle culture nordiche e della Mitteleuropa. Avvantaggiata dall'aver riflettuto su queste fonti iconografiche con attenzione scientifica, ella non fa quindi un discorso puramente viscerale, ma rivisita ar-

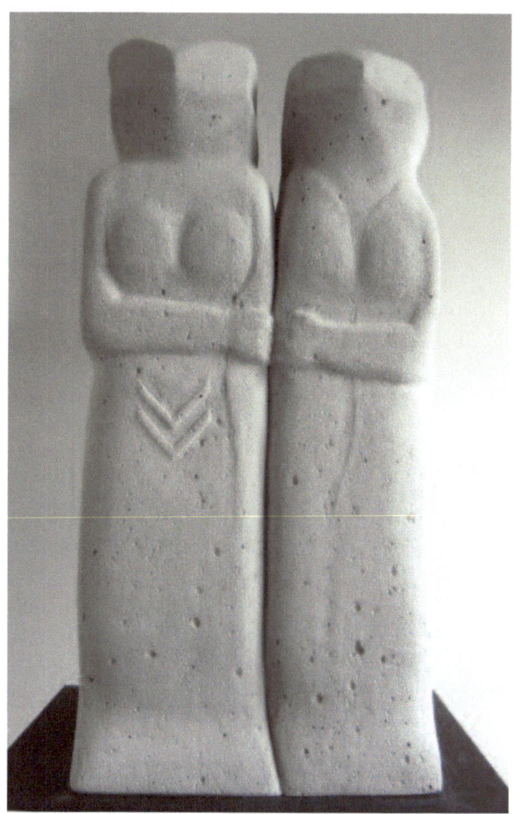

Complicità, cm 60x30x25

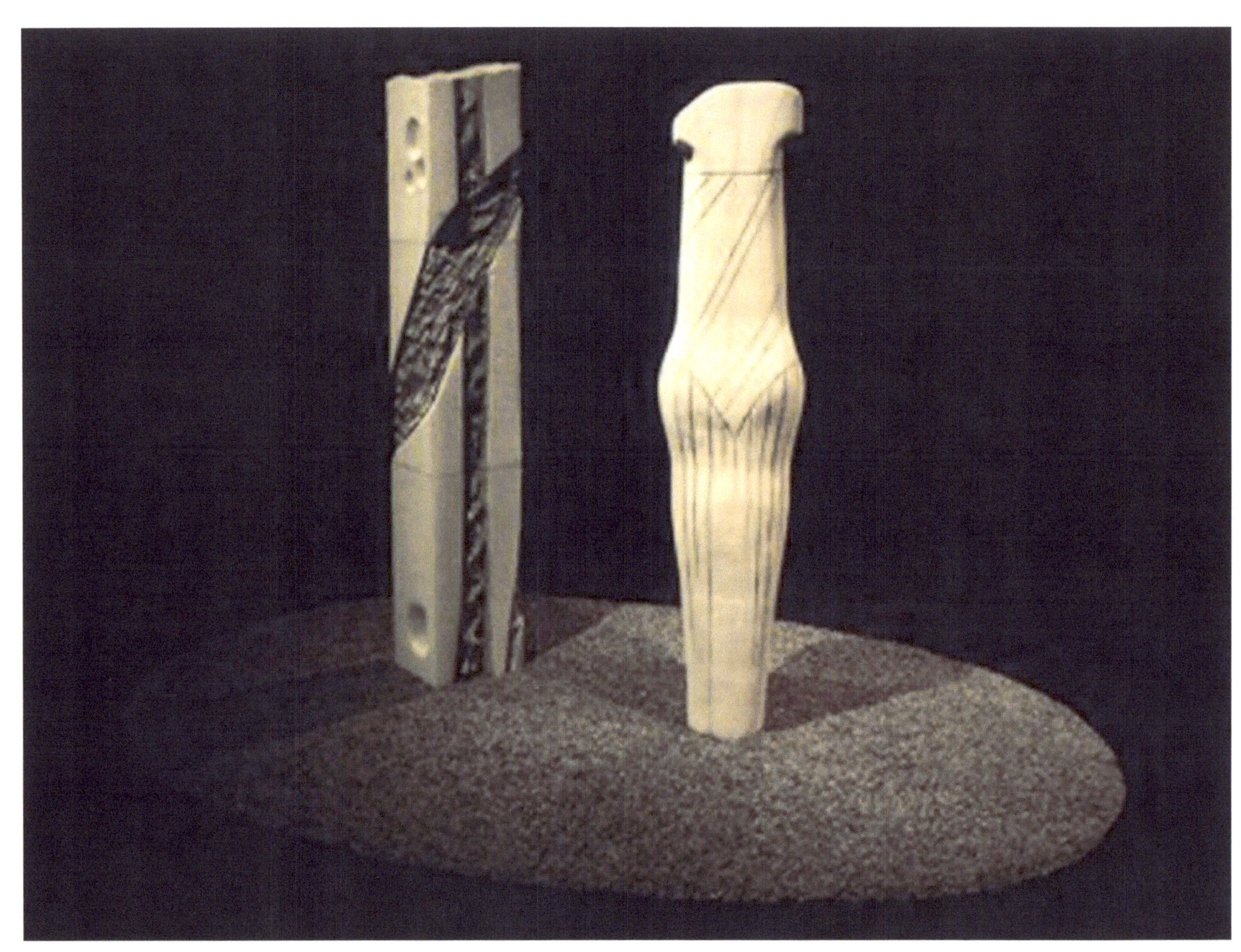

Grande Madre e Menhir, cm 167x30x25 e cm 155x36x30

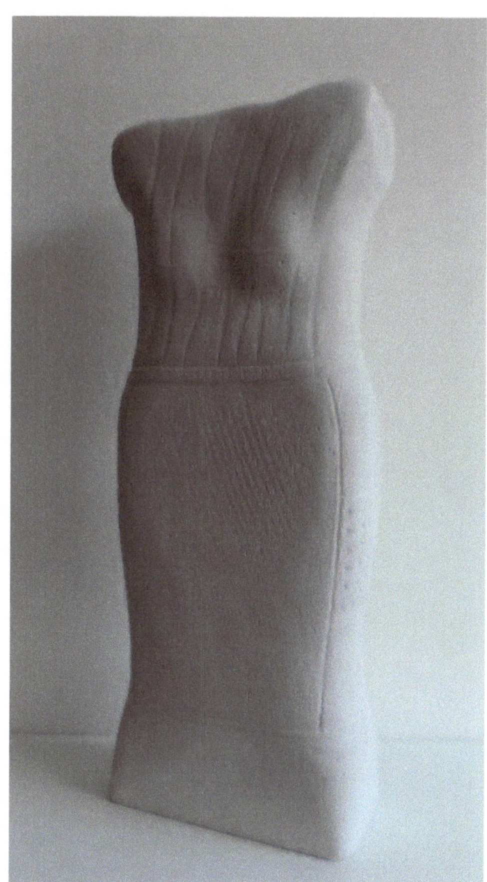

La figlia di Eva, cm 62x25x12

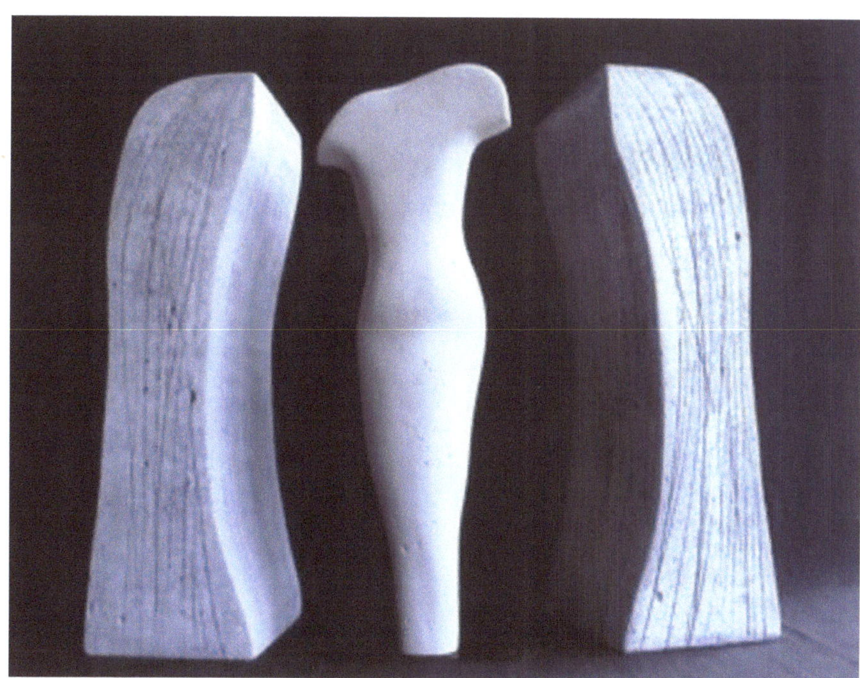

Dea bianca fra onde, 2 elementi da cm
60x24x18 ed 1 elemento da cm 58x21x10

Bacio di Brancusi, realizzata nel 1907, mediante un grande blocco di pietra scolpito su cui vengono abbozzate le due figure. Non risultano decorazioni, poiché ad essere protagonista è quel puro sentimento che connota i soggetti. Anche nella Visentini emerge quella freschezza e immediatezza tesa a valorizzare al massimo i messaggi impliciti dei suoi manufatti. Nulla si manifesta come ornamento bensì è solo la sostanza campo di studio e ricerca dell'artista. Sicuramente, come sopra accennato da altri, è indubbia anche una matrice che risale ad un'arte preistorica, che va dal Paleolitico superiore all'età del Bronzo, in cui le statue erano modellate sommariamente e i particolari morfologici ridotti all'essenziale. Proprio tale ultima caratteristica determina nelle opere della Nostra una vigorosa plasticità estremamente efficace."

Il **prof. Vittorio Sgarbi**, che mi ha selezionata fra una rosa molto ampia di artisti, così scrive: "... Se Michelangelo e i suoi coevi concepivano il passato storico secondo un unico punto di vista, l'antichità classica, ritenendo barbaro tutto ciò che l'aveva preceduta e seguita, la Visentini lo considera rinvenendo l'age d'or nella Preistoria, meglio ancora in quel momento virginale, all'alba di una nuova, più evoluta avventura per il genere umano, in cui l'arte, alle prese con i primi abbozzi di linguaggio formale, cominciava a segnare le prime, timide distanze dalla dimensione puramente antropolo-

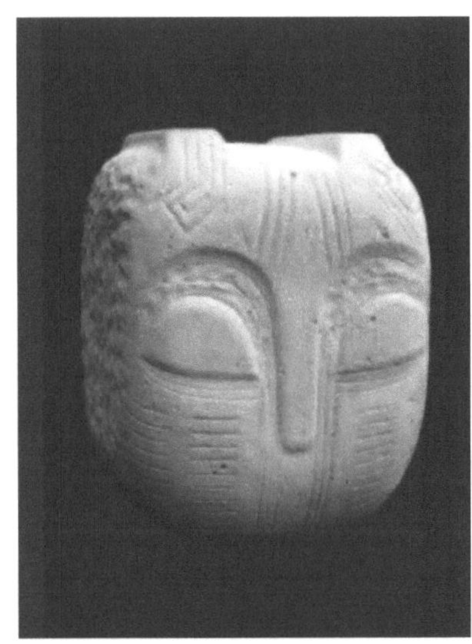

Antropomorfo, cm 30x24x23

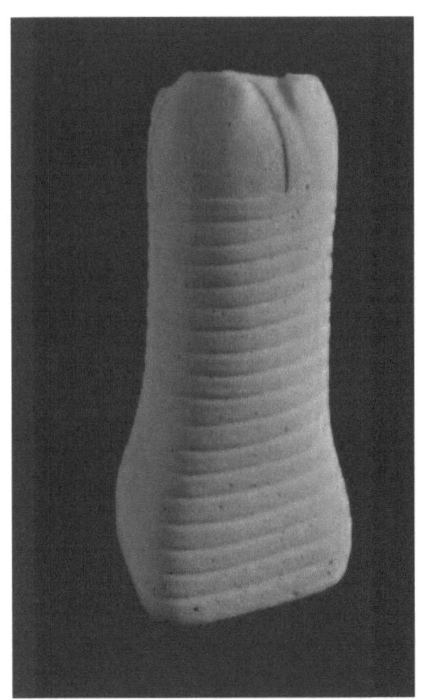

Sigillo spiraliforme, cm 60x30x24

gica. Nell'evocare questo stato primigenio quasi con la nostalgia di un paradiso perduto, forse confidando ancora nel mito immarcescibile del bon sauvage, le opere della Visentini, grande appassionata di civiltà primordiali, in particolare del Nord Europa, configurano una sorta di archeologia immaginaria in cui i rimandi all'arte arcaica, nettamente prevalenti, stabiliscono comunque una relazione colloquiale con le suggestioni della scultura novecentesca, in primo luogo, e non poteva essere altrimenti, con quella che più ha guardato all'arcaismo come a un modello per eccellenza dell'espressione moderna. Così, per esempio, in Dea Bianca, col corpo femminile stilizzato che viene inquadrato da due onde intagliate su blocchi dagli spessori consistenti, possiamo vedere sia la scultura pre-cicladica, nei primi tentativi egei di scontornare una figura muliebre govanile in alternativa all'ostentata corpulenza della Dea Madre, soggetto atavico carissimo alla Visentini, sia il biomorfismo di Alberto Viani; e analogamente, concentrandoci solo sul moderno, nelle steli antropomorfe, disposte in ordine paratattico, possiamo avvertire l'eco di Melotti, così come quello di Pietro Consagra nelle silhouettes in falso rilievo, tendenti al bidimensionale, che vengono cavate a risparmio dal vuoto.

Più ancora di quanto non facciano quei maestri del Novecento, però, la Visentini sembra interessata a recuperare il senso storico più appropriato dell'archetipo, e, con esso, la motivazione ancestrale che ha determinato la necessità per cui dal-

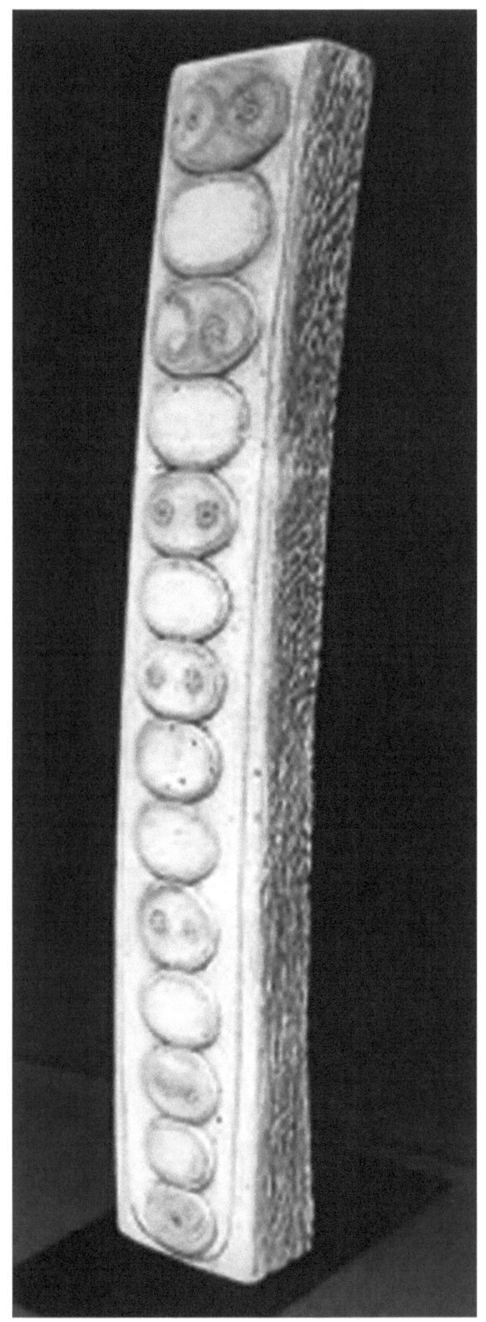

Gli occhi della Dea, cm 150x25x12

l'idea viene la forma, e dalla forma la materia lavorata, la cui particolare oggettualità ha la funzione sociale di identificare, nella logica della società tribale, un concetto di comune condivisione.

Sicché, se l'archeologia della Visentini, nell'essere non verificata e non verificabile dalla scienza, ci appare comunque possibile, lo è non tanto rispetto al passato, di cui costituisce pur sempre una reinvenzione fantastica, per quanto dettata da considerevoli conoscenze di base, ma rispetto al futuro, facendosi in qualche modo profetica, in un tempo e in una civiltà che potrebbero ancora venire (perché no, anche al di fuori del nostro pianeta), di mentalità e modalità espressive ricomparse sullo scenario umano, forse proprio per il fatto di ignorare i suoi precedenti, all'insegna del più circolare degli eterni ritorni..."

La profonda sensibilità del **prof. Paolo Levi** coglie la mia anima. Scrive, come motivazione al "Premio Internazionale nelle stanze del Tiepolo" a

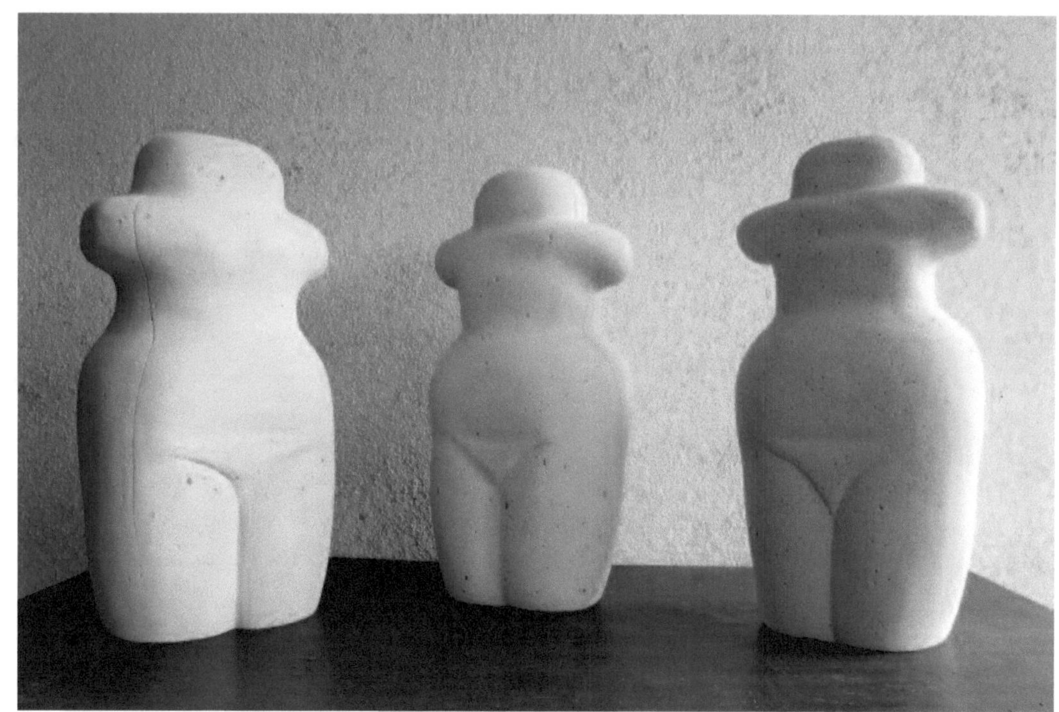

Girotondo preistorico, tre elementi da cm 60x30x20 ciascuno

Milano nel Palazzo Clerici: "Il suo talento rende unico un linguaggio espressivo che possiede la preziosa dote della comunicatività. La creatività è la forza motrice della sua arte che permette di realizzare opere pregevoli, riproducendo le emozioni di una realtà ispiratrice. Arte ricercata, che contempla ed esalta la bellezza regalandoci autentici attimi di pura poesia. Ogni opera è caratterizzata da una perfetta armonia compositiva, frutto di un'attenta maestria tecnica affinata con lo studio e l'esperienza." Afferma: "Nell'opera di Bernarda Visentini emerge, filo conduttore della sua ricerca, un approfondimento delle fonti iconografiche primitive, che sono state oggetto di studi lungo tutto il corso del Novecento. La reinterpretazione individuale dei soggetti la pone tuttavia in una posizione privilegiata, dall'alto della quale l'artista si può permettere di selezionare tematiche più affini alla sua personalità sensibile e discreta, senza correre il rischio di tralasciare elementi fondanti di una consolidata tradizione artistica. L'essenzialità delle linee e la purezza delle forme scolpita con maestria, svelano in maniera inequivocabile la volontà di mantenere viva una simbologia antica, reinterpretandola alla luce di contenuti attuali. Gli archetipi e le figurazioni simboliche vengono attualizzate per dimostrarne l'attendibile validità, per dichiarare come la potenza comunicativa di un simbolo non svanisca con il passare dei secoli ma anzi si manifesti nella sua evidenza più concreta. Le

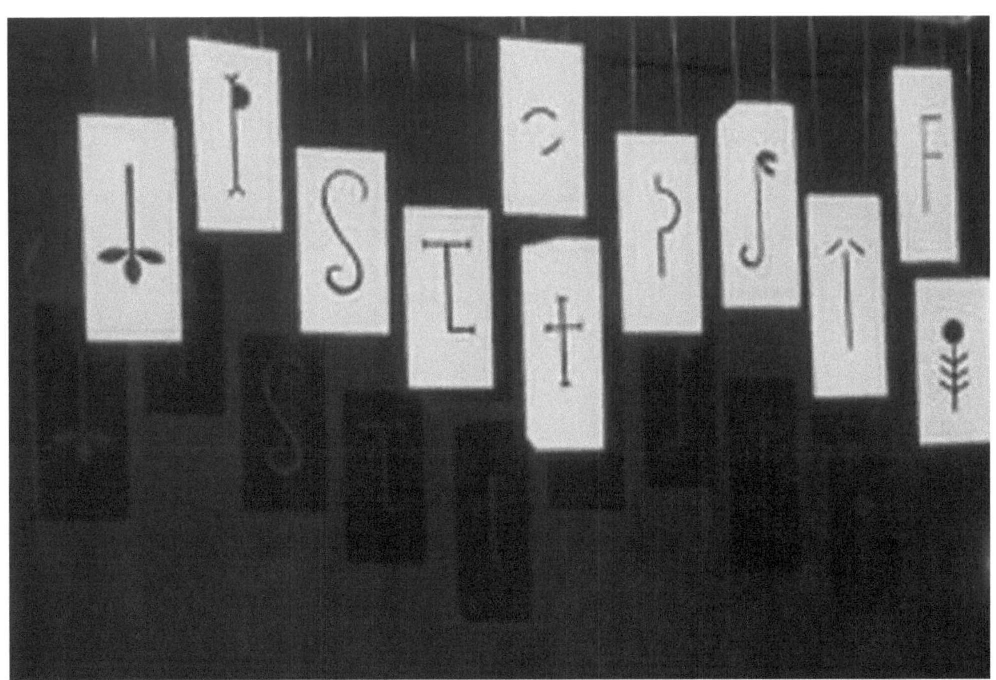

raffigurazioni di questa artista conservano tracce di momenti fondamentali dell'esistenza, ai quali con il pensiero ogni uomo ritorna durante il percorso di ricerca delle proprie radici spirituali e culturali. Tuttavia la presenza della memoria non si può cogliere come una lontana eco, svanita nell'assordante quotidianità. L'artista ne conserva l'identità profonda, per consegnarla agli osservatori che vogliono oltrepassare i confini

Memorie perdute, installazione, 13 elementi da cm 40x25x2 circa (particolari più sotto)

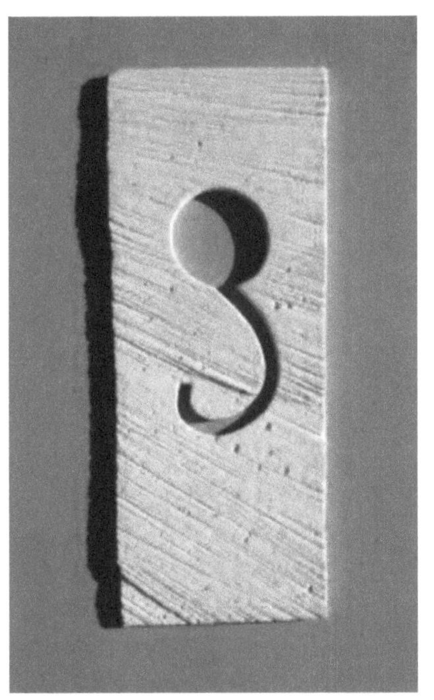

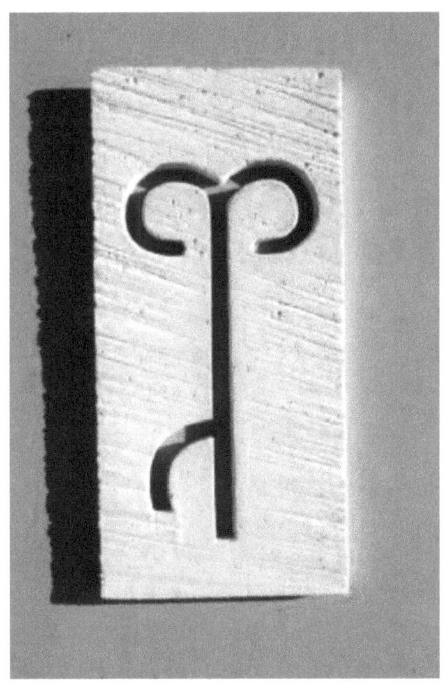

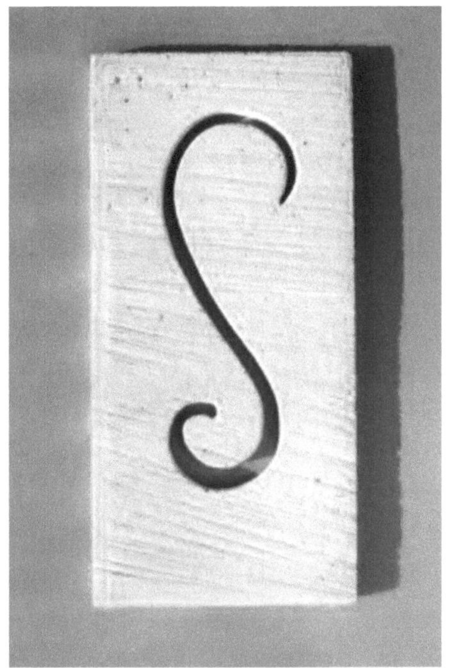

16

del tempo e dello spazio, nel tentativo ultimo di creare un ponte tra passato e presente. La tridimensionalità della scultura è qui oltrepassata da una quarta dimensione, quella temporale, che ha la pretesa di trattenere all'interno della materia il vero significato a cui tutti anelano. L'arte diviene così un tramite tra mondi possibili, in cui ritrovare la propria perduta identità."

Ed ancora: "… Antiche divinità madri, modellate nelle generose forme della fertilità o sintetizzate in strutture di reminescenza totemica, insieme alla rappresentazione di simboli che richiamano chiaramente le antiche rune, rivelano la passione dell'artista per le culture nordiche. L'eleganza è il criterio che guida il suo gesto sicuro in queste singolari realizzazioni. Le forme pulite, essenziali nelle loro definizioni, sposano tonalità sobrie. Il ricorso al monocromatismo, o comunque alla dicotomia fra solo bianco e nero, si fa seducente mezzo espressivo per un percorso di ricerca artistica che vuole svelare l'essenza ultima delle cose. In questi lavori, infatti, si trovano chiare allusioni a una dimensione spirituale interiorizzata che, grazie alla rielaborazione di memorie e suggestioni lontane, è libera di tradursi in forme capaci di dialogare con chi guarda. La coniugazione del sacro al femminile rappresenta un importante filone nella produzione dell'artista. Le antiche madri tornano a vivere nella sua opera, ispirando una riflessione sul divino che attinge alla capacità espressiva dell'archetipo. E anche quando le forme si declinano in assoluta sinteticità, non perdono certo di intensità evocativa. L'energia della materia trova espressione nella sete di purezza che ispira la scultrice, e nella sua capacità di liberare con grazia non solo la concretezza della materia ma anche il senso arcano di un percorso religioso."

Il **dott. Sandro Serradifalco** sottolinea ulteriormente il mio percorso plastico: "Le sculture di Bernarda Visentini sono frutto di una mano sapiente e sicura che opera con perizia dando vita a composizioni uniche nella loro apparente semplicità. Ogni opera riprende un'antica tradizione simbolica, dove gli elementi scultorei diventano segni tangibili di qualcosa di più misterioso e profondo. Nonostante l'essenzialità delle forme sono opere pregne di significato, risultato di un lungo processo creativo che parte da dentro, dalle più remote sensazioni e pulsioni, fino a diventare gesto

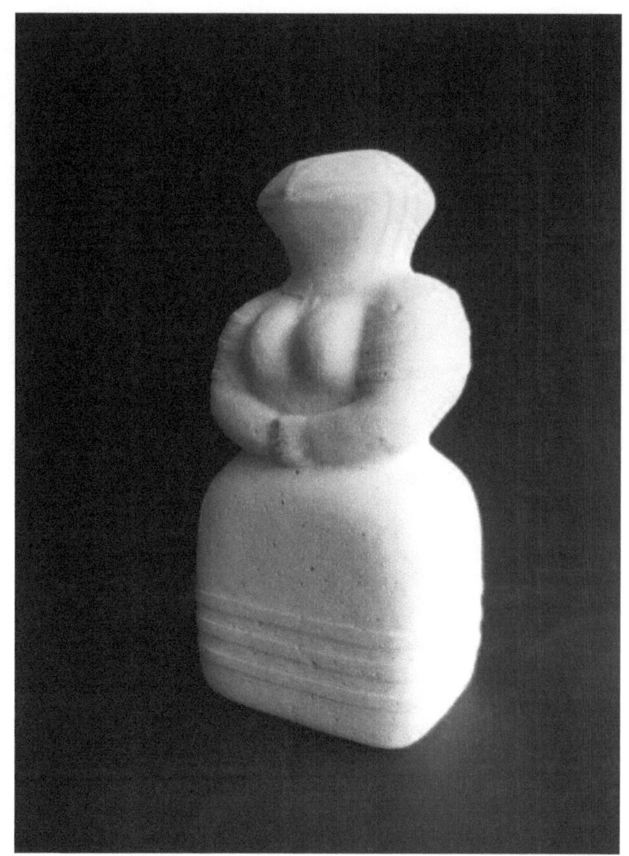

Dea aviforme, cm 58x27x24

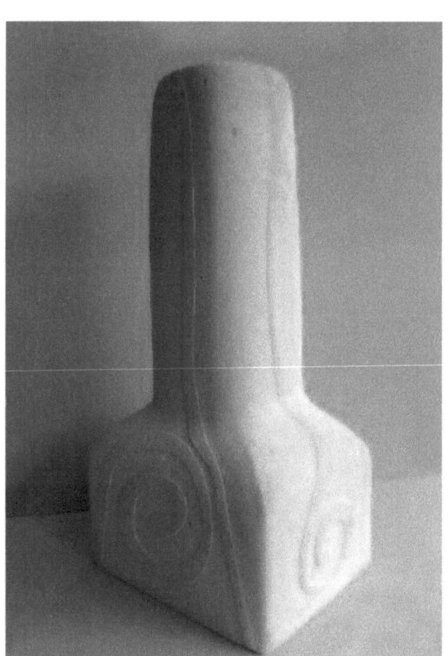

Sigillo, cm 60x30x24

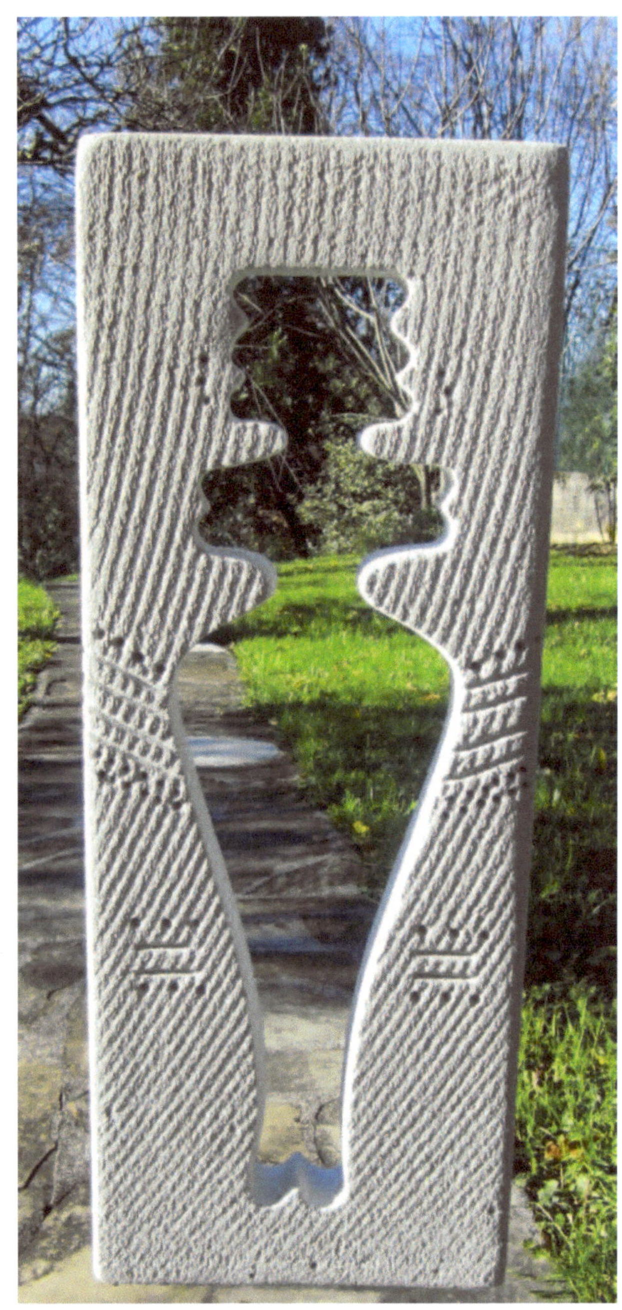

Sul corpo della Dea, cm 62x25x5

scultoreo, materiale e non più astratto come il pensiero originale. Raffinare la realtà di un soggetto, scremandola di quanto l'artista reputa superfluo, richiede grande pazienza, ma soprattutto richiede quel talento necessario per ponderare cosa non sia indispensabile e non rischiare di mutare troppo forme e contenuti, privandoli della loro più pura essenza. Bernarda Visentini intraprende un percorso di incessante ricerca e approfonditi studi archeologici consentendo al fruitore di trovare la giusta chiave di lettura delle sue opere."

Come non condividere alcuni estratti dal manifesto dell'Estetica Paradisiaca fondata dal **prof. Daniele Radini Tedeschi**: "Il Duemila sarà l'epoca della dolcezza, diversa dalla rabbia novecentesca delle avanguardie furenti, iconoclaste e tristi. L'estetica, dopo il suo ingorgo e dopo il suo tilt, tornerà a carezzare il gusto delle persone. L'artista amerà l'osservatore e ovatterà, nelle opere, il pubblico donando Bellezza e quiete. Il Duemila sarà la primavera freschissima e tiepida dopo la glaciazione infuocata del XX secolo... Dall'ecomostro popolare nascerà l'Estetica Paradisiaca, sorgerà una Urbanistica morbida che saprà fondere classicismo e natura, dall'Arte nascerà la Natura e la prima sarà il rifugio delle pacifiche anime quiete e non il ricovero delle psicosi e del revanscismo. Dopo la crisi e la conseguente estetica in Tilt tornerà l'ordine con l'Estetica Paradisiaca. Essa sarà un fatto generazionale e non una avanguardia, sarà una spontanea risposta contro le teorie asfissianti..."

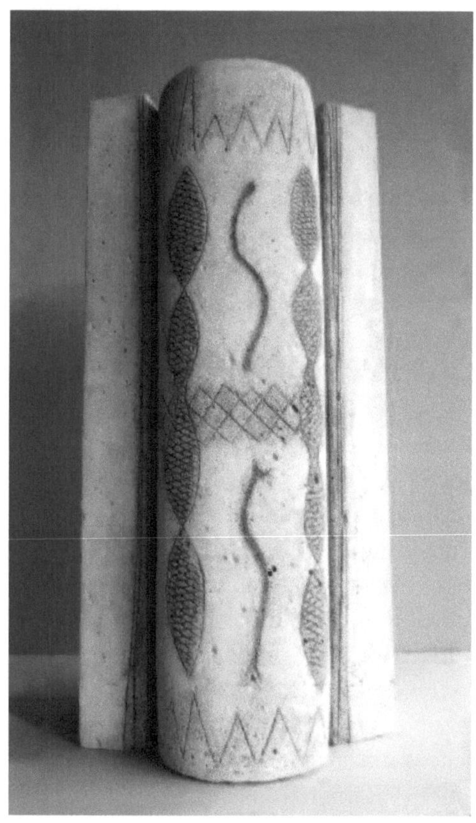

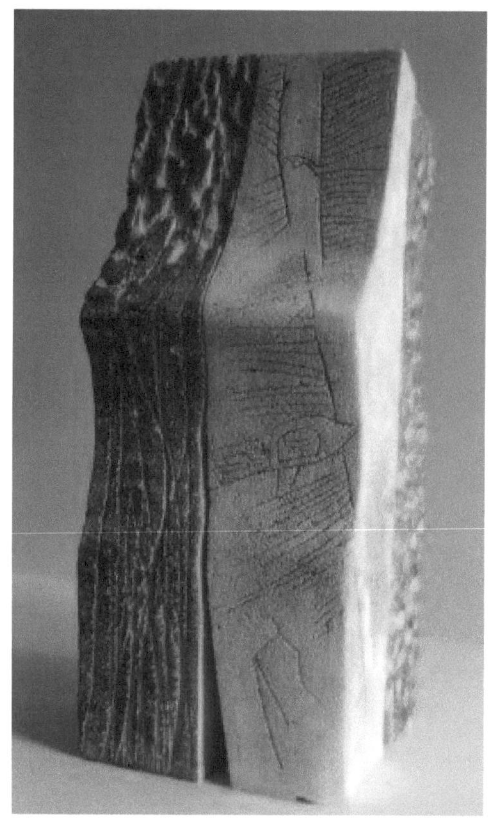

Domovoj, cm 60x25x24

Estrema sintesi, cm 60x25x24

incarnerà l'idea di un'arte sociale, di fratellanza e comunione, sarà imbevuta di misticismo e languore, di lavorio e bellezza. Nelle incontaminate alture innevate di Luce avrà sede la Confraternita Paradisiaca, gli artisti silenti e operosi officeranno il loro mestiere con la fedeltà dell'ape, nutrendosi della loro stessa ambrosia." (Estratto dal cosiddetto "manifesto" dell'Estetica Paradisiaca, pubblicato in Tiltestetica, Ed. Giorgio Mondadori, 2014)

E a proposito della mia opera, la **dott.ssa Stefania Pieralice** scrive: " ... La riappropriazione e l'attualizzazione delle forme del passato diventano lo strumento per costruire una nuova arte, quella di un futuro che corre su binari circolari: un futuro di eterno ritorno."

Al **prof. Enzo Santese,** infine, rendo il merito di aver seguito fin dagli esordi per oltre un trentennio, il mio percorso artistico: "Seguo da alcuni decenni la ricerca plastica di Bernarda Visentini, nella quale riconosco da sempre una straordinaria capacità di mantenersi aderente ad una linea di ricerca, impostata sull'analisi dei segnali filosofici e concettuali trasmessi dall'uomo in tempi antichi, e di esprimere qualità poetiche che sono generatrici di autentica sorpresa anche per chi conosca bene il lavoro di quest'artista. Lo sguardo alla preistoria si fonda sulla presa di contatto diretta con siti archeologici disseminati in varie parti non solo d'Europa, dove Bernarda Visentini registra, più che sul suo taccuino, nella profondità della sua coscienza intellettuale segnali, spunti e suggerimenti che poi confluiscono in realizzazioni scultoree. L'uso del cemento leggero (in questo senso l'autrice di Tarcento è stata un'antesignana) le consente di costruire situazioni figurali ed architettoniche in cui i simboli antichi vengono portati a nuovi esiti significanti, impostati come sono in opere caratterizzate da tensioni pittoriche (l'uso frequente dei pigmenti), scultoree (con l'affermazione piena di una fisicità tridimensionale) e talora anche installative (con la dislocazione degli elementi plastici in una scenografia che proietta idealmente il fruitore in un'epoca remota). Soprattutto per questi motivi Bernarda Visentini si colloca su un versante artistico che è il risultato di una convergenza piena tra sapienza tecnica raffinata e autentica sensibilità poetica."

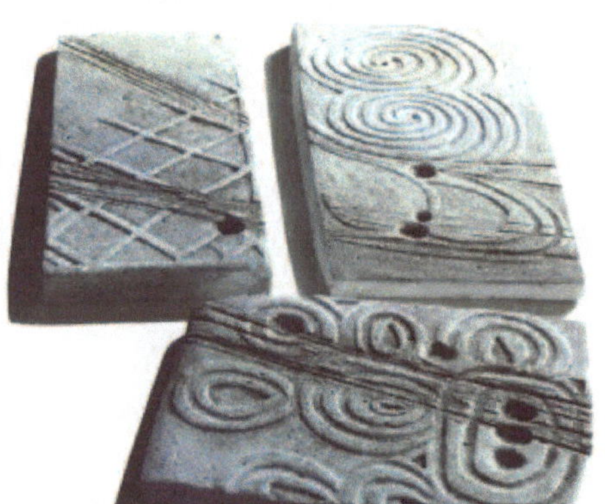

Spirali, tre elementi: cm 60x24x3, cm 60x30x3 e cm 40x33x3

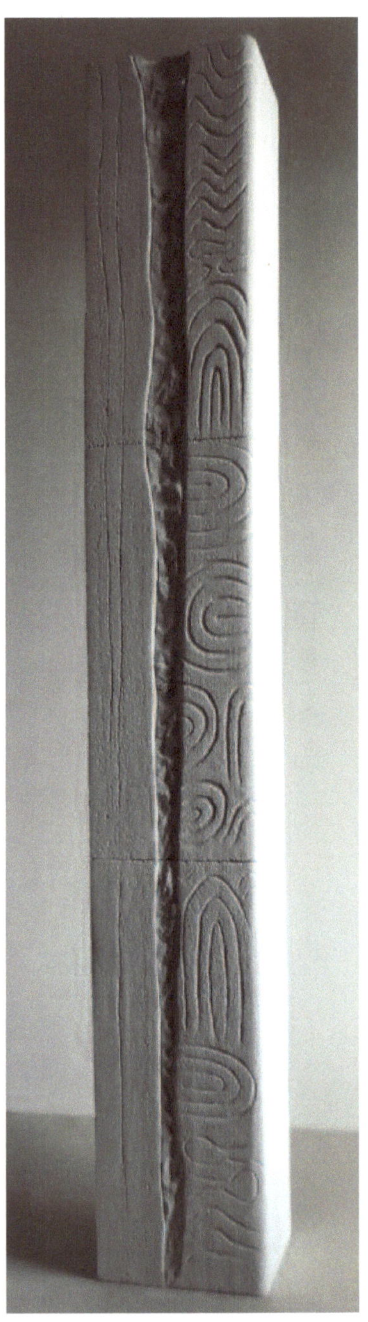

Ricordo di Gavrinis, cm 160x24x20

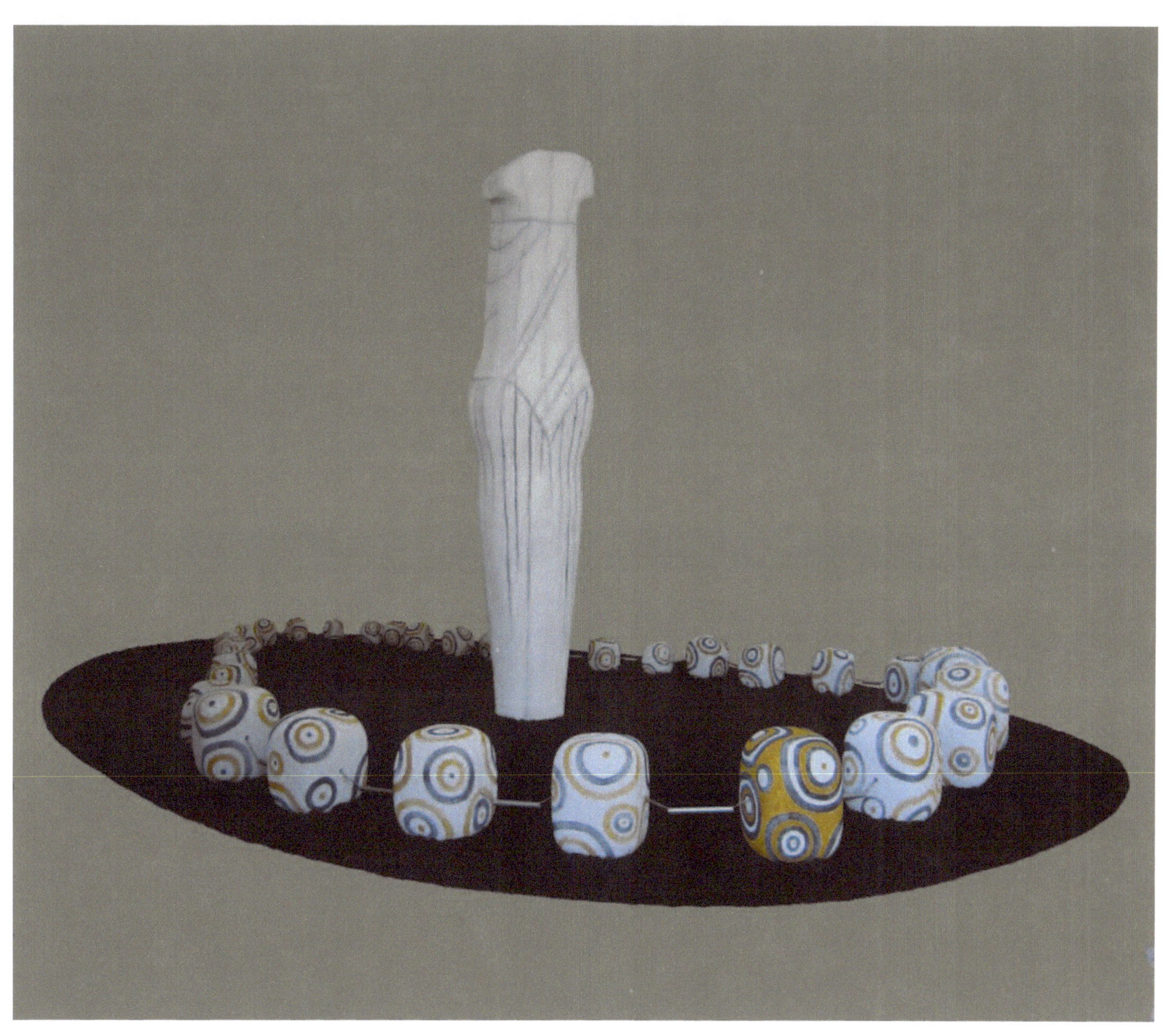

La Grande Madre, cm 155x36x30 e Omaggio alla Grande Madre, 33 vaghi con misure da cm 10x6,5x9 a cm 24x17x18

L'ESPERIENZA DEL VIAGGIO

Anno dopo anno - negli studi, nei diversi siti archeologici, nella dimensione del tempo - realizzo e continuo a realizzare viaggi alla ricerca delle prime tracce dell'uomo. Mi sposto fisicamente ed in modo autonomo sul territorio europeo in generale, in luoghi che talvolta non si svelano immediatamente perché cancellati dai millenni: troppi ne sono trascorsi dalla preistoria!

Ho imparato, però, ad "ascoltarne le antiche voci" e solo così i luoghi svelano l'arcano che nascondono "premiando" questo mio atteggiamento. Esploro montagne, colline, grotte, corsi d'acqua, boschi.... e mi accorgo delle scelte volute e ponderate dai nostri progenitori; sofferte, se vogliamo, ma sempre ripagate dalla generosità della Natura. Capisco, allora, perché essa veniva divinizzata, celebrata, ringraziata, rappresentata come Madre Creatrice con i suoi simboli legati proprio alla sfera acquatica, alla terra, agli animali.

Non è difficile immaginare le profonde suggestioni che ne ricavo, respirando l'anima del cosmo, calpestando antiche tracce con emozione e meraviglia. Raggiungo, talvolta con fatica, luoghi difficilmente immaginabili: allora emergono, con forza, i profondi archetipi interiori ed il viaggio diventa elemento di mediazione fra passato e presente. Cercherò di raccontare come l'archeologia incontra la mia scultura attraverso un excursus esemplificativo di alcuni viaggi - ma molti sono stati compiuti - nel Nord Europa in Svezia, nei Balcani in Serbia, nel Mediterraneo a Malta. Da tali siti si colgono messaggi quanto mai auspicabili nella loro attuazione e universali volti a delineare una società in cui si cercava di creare coesione e cooperazione fra individui che godevano di uno stato paritario, trasmettevano i saperi e condividevano i beni.

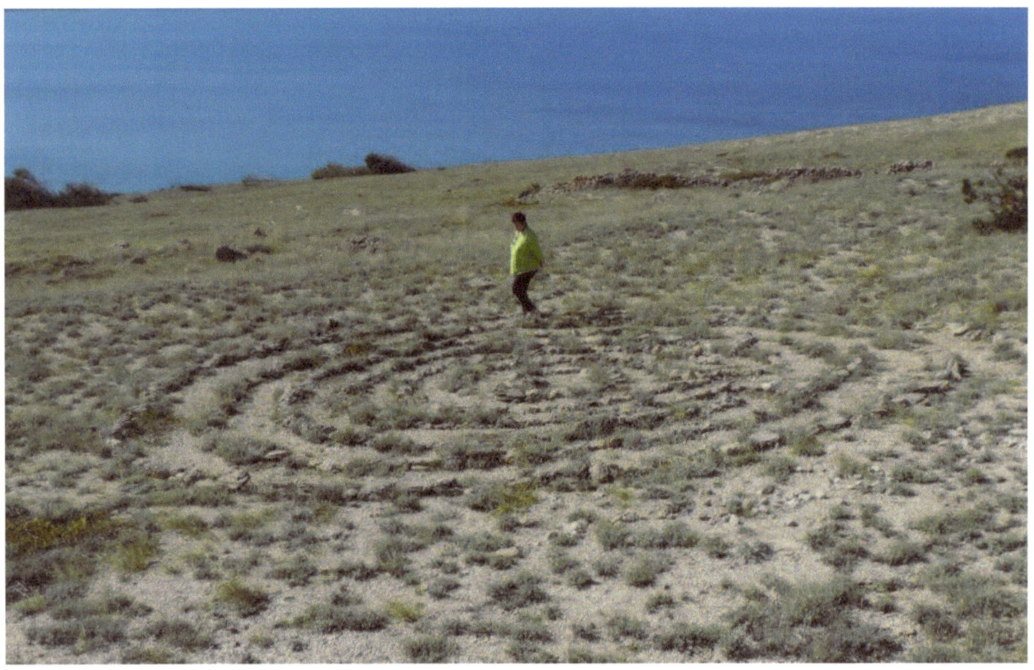

VIAGGIO IN NORVEGIA

Arrivare a Vingen, nella costa nord-ovest della Norvegia, nel Sogn og (territorio di Fjordane), non è stata impresa facile. Vi si giunge solo dal mare, ho faticato molto a trovare in un villaggio sperduto una persona disponibile ad accompagnarmi, ma la fortuna e l'aiuto "degli antenati" hanno fatto sì che un signore del luogo, la mattina successiva, mettesse a disposizione il suo motoscafo a titolo assolutamente gratuito.

Che attraversata lunga, con il cielo ed il mare plumbei, verso un fiordo sperduto, piccolo, circondato da scoscesi pendii che si alzano quasi verticalmente dal mare! Ma che sorpresa: incisioni di animali, rappresentazioni umane e frequenti simboli astratto-geometrici disseminati lungo la spiaggia su larghi dorsoni rocciosi di arenaria, su massi o su pietre più piccole ed evidenziati dagli studiosi con un colore rosso brunito. Mi si racconta, in base alle variazioni stilistiche, che l'arte rupestre di Vingen copre un lasso di tempo di migliaia d'anni (dal tardo Mesolitico al tardo Neolitico) ed è prodotta da una popolazione di cacciatori-raccoglitori. L'impressione che ne ricavo è quella di un sito fortemente attrattivo e, nonostante la sua drammaticità, magico. Nella parte più interna dell'area vi è una schiumeggiante cascata. In mezzo alle rocce ci sono stretti passaggi che mi fanno pensare ai tunnels che imitano il canale della nascita e ad un luogo destinato a rituali d'iniziazione. La grande cascata che vi si riversa è intesa come fonte della vita. L'intero scenario potrebbe rappresentare naturalmente il corpo femminile. Anche

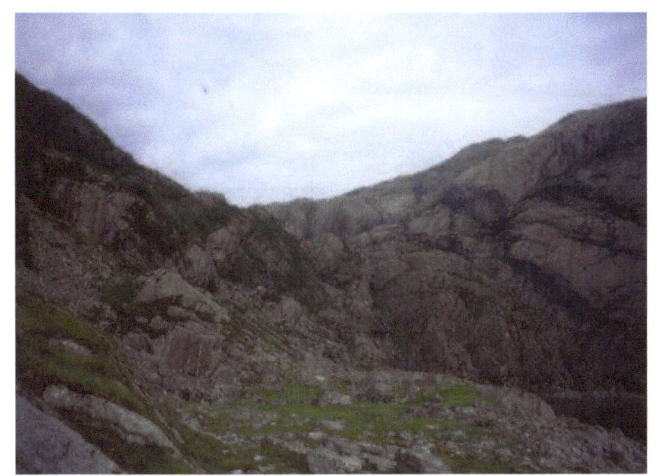

in questo contesto vi sono massi incisi con animali, rappresentazioni umane asessuate e vari disegni astratto-geometrici. È un luogo riservato alle donne? Altre aree erano sicuramente esclusive per gli uomini, soprattutto lungo la sponda meridionale; altre ancora forse potevano essere usate da entrambi i sessi. Mi sono posta la domanda perché Vingen fosse stato scelto come sito ed inciso enigmaticamente; perché fosse così speciale e vi si respirasse un alcunché di arcano. Condivido il concetto di "spazio sacrale" di Mircea Eliade, in cui è possibile trascendere dai tre livelli cosmici - terra, cielo ed inferi - che in quello spazio s'incontrano. Penso che in quel luogo il sacro si sia manifestato in forma di potente energia. Non solo: quando mi sono avvicinata al fiordo con il motoscafo, ho avuto la sensazione di entrare in uno spazio segreto e di grande sugge-

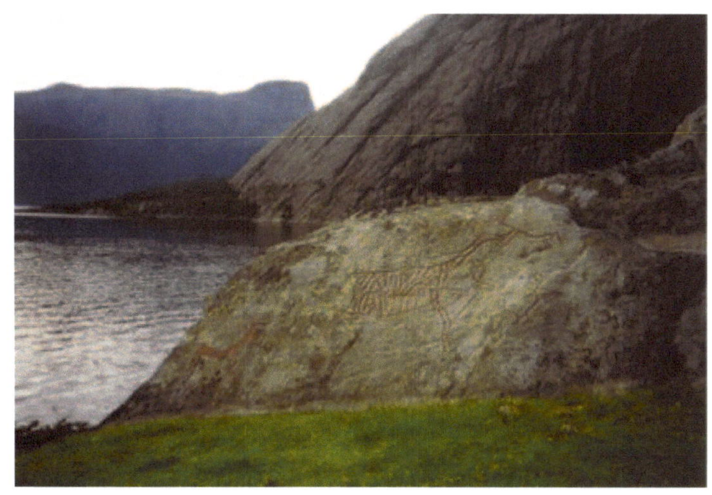

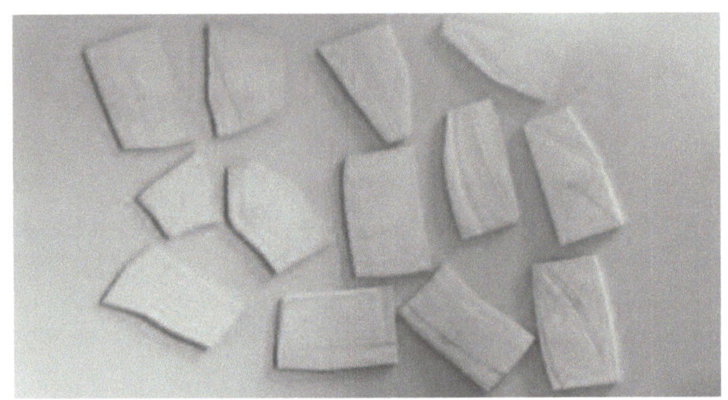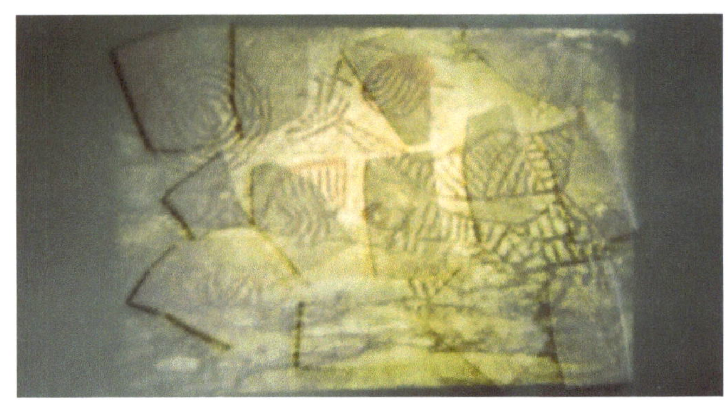

Installazione semicurva, cm 350x200 e relativa proiezione

stione. Sicuramente vi si celebravano rituali per uomini e donne, forse segreti e sacri, o certe aree erano destinate allo scopo di educare i giovani nei costumi e nelle tradizioni di quella società anche se numericamente piccola. Oppure vi si tenevano rituali collettivi con lo scopo di creare un senso di solidarietà ed unità di gruppo. Ho percepito una forte vibrazione nell'osservare le incisioni: molti animali hanno sul corpo decorazioni geometriche ed astratte; si tratta soprattutto di alci, renne, cervi. Il motivo più diffuso è quello del cervo rosso e le femmine sono rappresentate in maggior numero. Dai miei studi ricordo che cervi e cerve sono connessi con i temi principali della vita, della morte, del sesso e associati all'acqua, agli alberi... In molti casi la relazione fra il cervo e la donna è così stretta che appare intenzionale. Sia le rappresentazioni umane che i motivi astratto-geometrici possono essere spiegati dagli archeologi con il simbolismo sulla fertilità. L'incisione di una donna, che ho chiamato la Grande Madre di Vingen e che mi ha fortemente emozionato, nella sua ambiguità rappresentativa, secondo me potrebbe raccontare proprio la nascita sia vegetale che animale e umana. Non lo saprò mai, ma attraverso un'installazione e nascosta da un muro, l'ho voluta offrire al visitatore. Ho ricostruito, poi, un ipotetico luogo archeologico con una sequenza di lastre che ho inciso anche virtualmente, proiettandovi le immagini di questi misteriosi animali così impressi nella mia memoria e nel mio servizio fotografico.

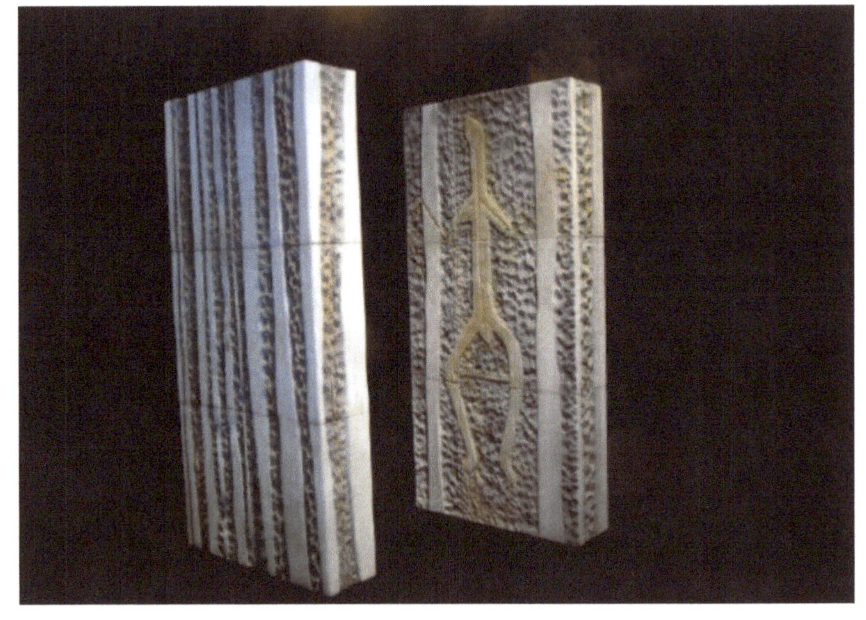

La Grande Madre di Vingen, due elementi da cm 180x90x24

LEPENSKI VIR

Mi trovo in Europa centrale, nei Balcani, a Lepenski Vir nella Serbia orientale in prossimità delle Porte di Ferro del Danubio. Lasciata la macchina in un piccolo parcheggio presso alcune casette tradizionali, mi appresto a percorrere un comodo sentiero, che corre alto rispetto al maestoso corso del Danubio. Una melodia popolare si diffonde da una delle modeste abitazioni e mi rende consapevole di trovarmi in Serbia, terra bellissima ed ancorata fortemente alle tradizioni. Percorro il sentiero immaginandolo a livello del fiume: oggi è a trenta metri circa più in alto poiché, a metà degli anni Sessanta, fu rea-

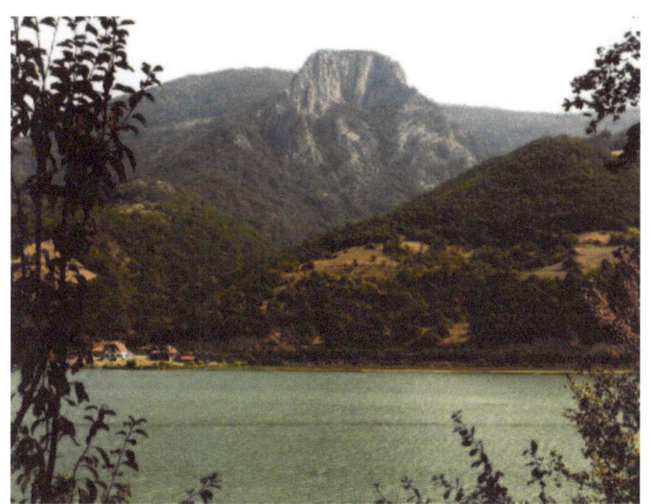

lizzata una diga alta 45 metri che ha cancellato alla vista, per sempre, il villaggio originario. Nonostante ciò l'immersione nell'atmosfera arcaica è totale! Osservo il percorso e noto alla mia sinistra inclusioni rocciose rossastre e alla mia destra una magnifica montagna sulla sponda opposta del Danubio, in Romania. Faccio alcune considerazioni: il paesaggio, anche questa volta, si impone alla "scelta" dell'uomo preistorico, manifestandosi. Mi accorgo che tale scelta forse è data da speciali qualità o caratteristiche associate al sito stesso. La mia attenzione si rivolge, allora, alla montagna alta, abbracciante, dalla conformazione a mantello. La considero speciale ed ispira protezione: è seducente ascriverle una funzione protettiva anche in tempi lontanissimi e rapportarla ad una tradizione di rituali antichi. Raggiungo il sito ricostruito fedelmente su terrazzamenti e protetto da un'ampia copertura. Sono dispiaciuta del fatto che il villaggio originario, assieme a tanti altri, sia a 30 metri circa sotto

l'acqua, ma nel contempo apprezzo lo sforzo ricostruttivo e decido di immergermi nella preistoria. Osservo il sito dalle barriere protettive e mi appare in tutta la sua sacralità: una cinquantina circa di basi di "santuari" trapezioidali posti su terrazzamenti presentano pavimenti in calcare rosso e argilla. Mi ricordo delle inclusioni rossastre osservate appena giunta ed emerge, con prepotenza, la convinzione che sia stato scelto per una funzione rituale. Il colore-archetipo è sempre stato usato per celebrare la rinascita e il calcare è reperibile in loco! Piano piano mi rendo conto, con emozione, che l'uso dei materiali, le stesse costruzioni e gli oggetti rinvenuti formano, sul piano simbolico, un'immagine del cosmo governato dal Dio sole, e fanno di Lepenski Vir una città sacra. L'eterna sfera circolare del cielo e le profonde osservazioni e conoscenze da parte dei nostri antenati mesolitici hanno fatto sì che tutti i santuari siano organizzati in gruppi circolari, con uno più importante al centro:

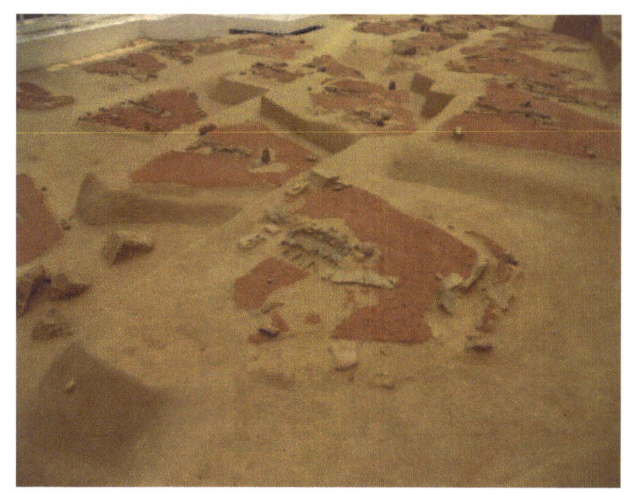

il circolo meridionale rappresenterebbe la sfera celeste diurna, quello settentrionale la notturna. L'alternanza del giorno e della notte, dei cicli stagionali, degli equinozi e solstizi furono minuziosamente analizzati e trovano corpo nei santuari. All'interno di essi ci sono focolari attorniati da "frecce" triangolari in pietra, forse rappresentazioni di raggi solari, simboli del fuoco e della luce. Nei pressi vi sono altari vicino ai quali talvolta si notano sculture oviformi o pesciformi (molte con tracce di ocra rossa), simboli labirintiformi o geometrici. Alcune sono ibride (pesce-donna con artigli) e mi riportano all'immagine della donna di Vingen! Osservo il sito tutt'attorno e mi balza all'occhio il suo insieme: le basi dei santuari si presentano come corpi che potrebbero essere, in accordo con gli archeologi, l'antropomorfologia dell'essenza divina con testa (scultura ed altare), corpo (focolare) ed arti (tavola di pietra). Secondo le analogie con la Natura il corpo del santuario mi svela il corpo dell'universo come unità di armonia ed ordine. Immagino i rituali officiati con offerte sacrificali: scheletri di pesci, di cani e, sorprendentemente, ritornano i teschi e le mascelle di cervo rosso! Neonati, anche di pochi giorni, sono seppelliti sotto alcuni pavimenti, altri fuori; teschi di adulti sono protetti da scatole di pietra e sepolti con grande cura senza differenziazioni fra maschili e femminili. Percepisco ancora una volta che la società di allora era coesa ed egualitaria. Mi emoziono e sulla via del ritorno decido di realizzare, nel mio laboratorio, sculture ovoidali che chiamerò "Danubiani" e "Danubiane", legate al simbolismo dell'uovo-grembo e dell'acqua-fonte di vita, in omaggio ai miei sapienti antenati.

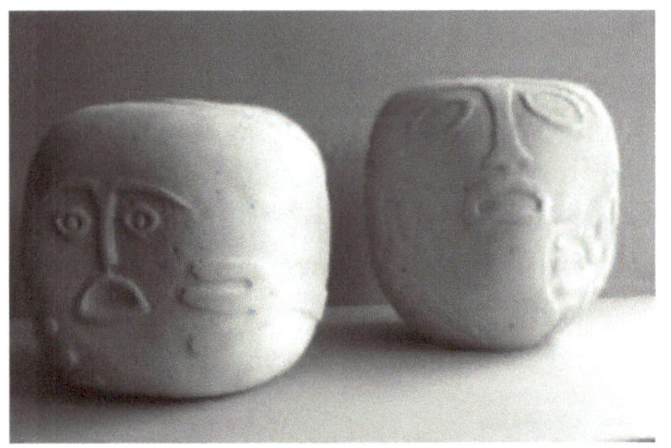

Danubiani, cm 25x21x28 e cm 30x27x27

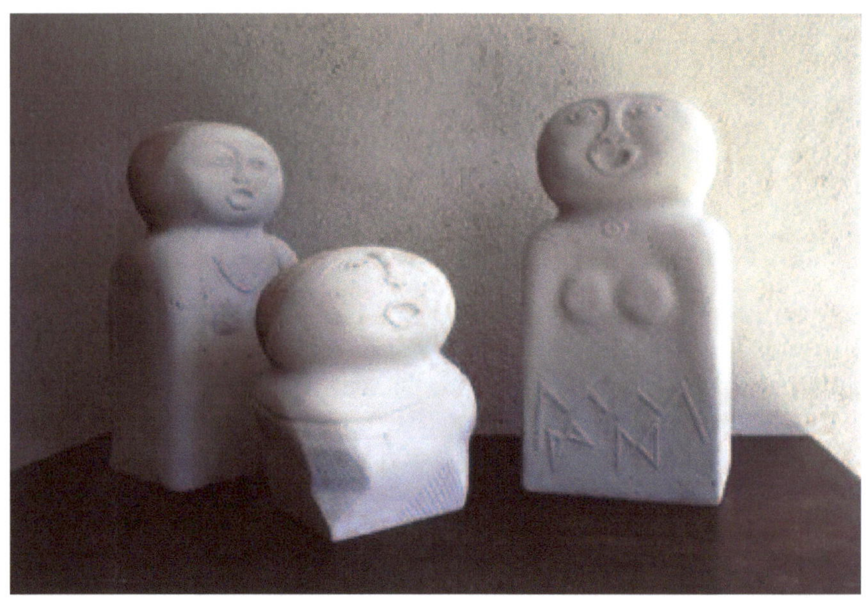

Danubiane, due elementi da cm 60x28x24 e un elemento da cm 35x30x24

MALTA

Cielo, mare, terra: ecco gli elementi che mi portano ad esplorare l'isola di Malta in piena estate nel Mediterraneo. Il volo aereo ed il noleggio di una macchina mi agevolano in ciò, ma non oso immaginare con quali mezzi vi arrivarono i nostri antenati neolitici! L'isola era già tale, abitata solamente da animali, alcuni ormai scomparsi come ippopotami ed elefanti nani, ma ai primi agricoltori doveva apparire dalle coste della Sicilia un paradiso terrestre da conquistare e colonizzare. Che attraversate avventurose con imbarcazioni cariche di cereali e animali domestici! Che mirabile spirito di conquista pacifica! Occuparono dapprima caverne e ripari naturali, poi si insediarono in piccoli villaggi come Skorba. Mi sorge spon-

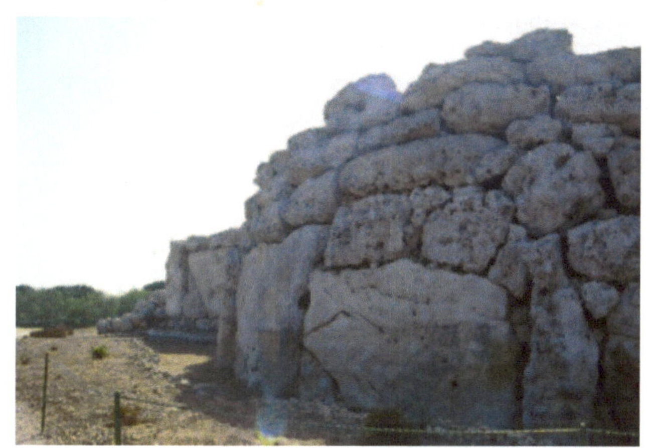

taneo pensare che avessero la necessità di ringraziare e divinizzare la Madre Terra che favoriva la produttività del suolo conquistato. Proprio a Skorba due grandi capanne furono usate come santuari. Poi cosa accadde? Non ho mai visto niente del genere: apparvero templi prima semplici, poi imponenti e complessi, con passaggi centrali, nicchie e pavimentazioni, realizzati con blocchi irregolari in duro calcare corallino e con muri lavorati in calcare più morbido e dorato: la globigerina. Questi materiali venivano ricavati faticosamente da cave distanti anche chilometri e trasportati su rulli ovoidali di granito. Li esploro meravigliata: alcuni elementi sono perfettamente combacianti, la manodopera necessaria per erigerli era imponente e la tecnica a me incomprensibile. Gli spessori dei muri e dei terrapieni sono di alcuni metri. Entro nel complesso di Hagar Qim, uno dei numerosi templi maltesi. L'area sacra è separata dall'esterno da un muro tutto attorno e ciò contribuisce alla sensazione di entrare in un mondo diverso dal fuori, intimo e sacro. Lo immagino

coperto e con questa idea lo esploro; i due altari all'ingresso rafforzano la percezione di un accesso sacro. All'interno mi accolgono absidi semicircolari multiple, simili a uova-uteri probabilmente legate a rituali riguardanti la nascita. Il complesso è rivolto verso il mare, l'ignoto, l'infinito e queste immagini ne rafforzano la sacralità. Tanti gli altari, le pietre sacrificali, le nicchie, i menhir che si trovano attorno alle celle. Con senso religioso esploro le varie absidi: davanti ad un altare vi è un grande menhir, un altro nel vano successivo ed altri ancora. Nella prima abside mi colpisce un foro la cui pietra mostra segni di usura, capisco che vi si poteva introdurre la testa e mi sorprendo a pensare, dall'altra parte, un oracolo che pronunciava misteriose risposte. Un piccolo santuario è annesso al tempio e questa stretta dualità di costru-

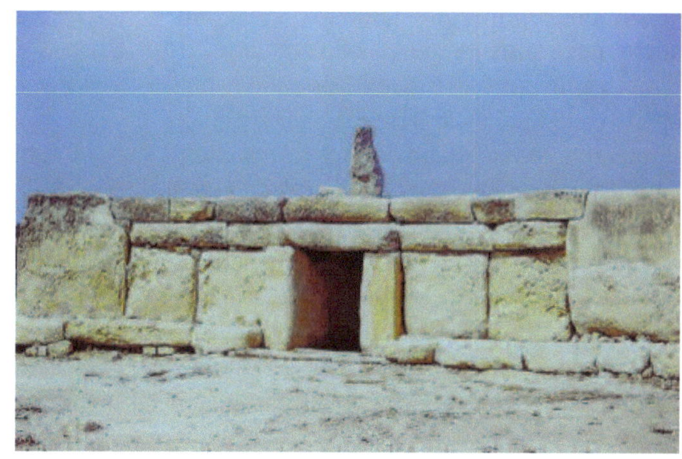

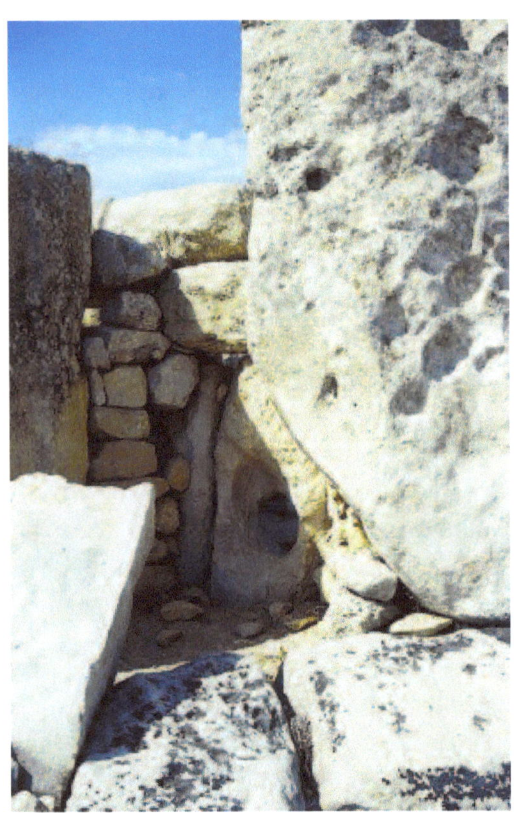

detta "Bella dormiente", dalle fattezze simili, proviene da Hal Salfieni, ipogeo su più livelli, con nicchie ovoidali come nei templi in superficie. Le sculture sono davvero pingui! Penso che i primi agricoltori volessero rappresentare una divinità particolarmente generosa nell'offrire la vita e l'abbondanza vegetativa. La "Bella dormiente", emersa dalle tenebre dell'ipogeo, mi fa ricordare, non senza paura, certi riti che si compivano nel grembo della terra a scopo di guarigione o rigenerazione. Lascio quest'area e con lo stesso spirito continuo il mio cammino verso altri templi sparsi sull'isola. Nel paesaggio roccioso percorro carreggiate antichissime e misteriose che portavano gli antenati a scoprirne i tesori. E mi propongo di calpestare altre tracce antiche negli anni a venire.

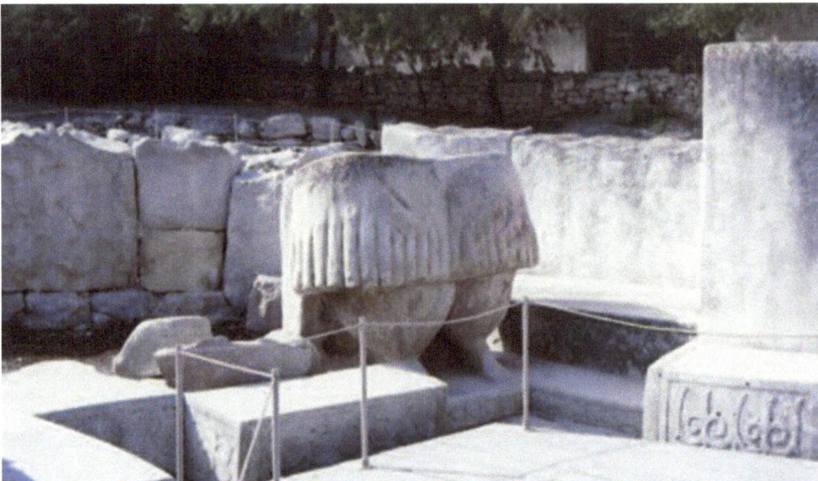

zione mi fa pensare alla dualità presente in natura e nell'età dell'uomo (nascita-morte; giorno-notte; primavera-autunno...). Si ripete anche negli altri templi e nella statuaria. Il tempio più piccolo è quello orientale, più aperto e più luminoso: si celebrava la nascita? Più scuro e grande l'altro: vi si officiavano riti per le stagioni "buie"? All'interno dei templi furono trovate statuette in pietra calcarea, obese, prive di testa o con testa intercambiabile. Nello specifico, proprio ad Hagar Qim, ne fu rinvenuta una, detta "Venere di Malta", in terracotta, sempre florida. Una enorme in calcare, che conserva la parte inferiore alta un metro, si trova nel tempio di Tarxien; un'altra,

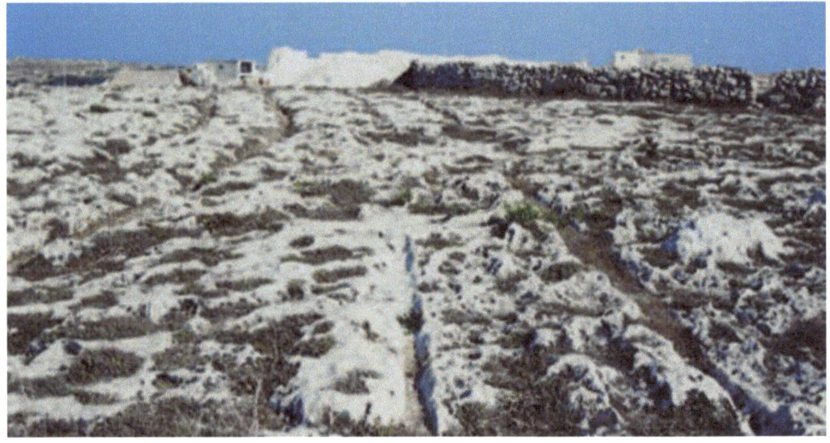

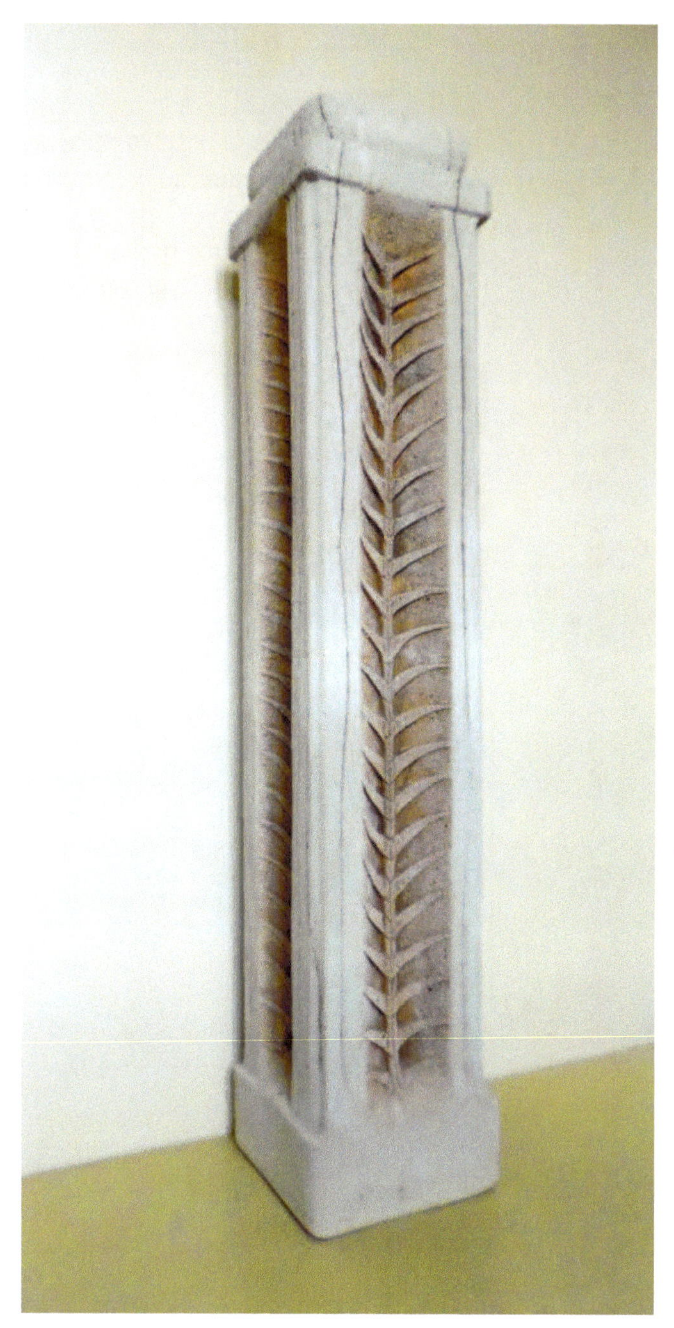

Omaggio a Malta - L'albero della vita, cm 120x24x23

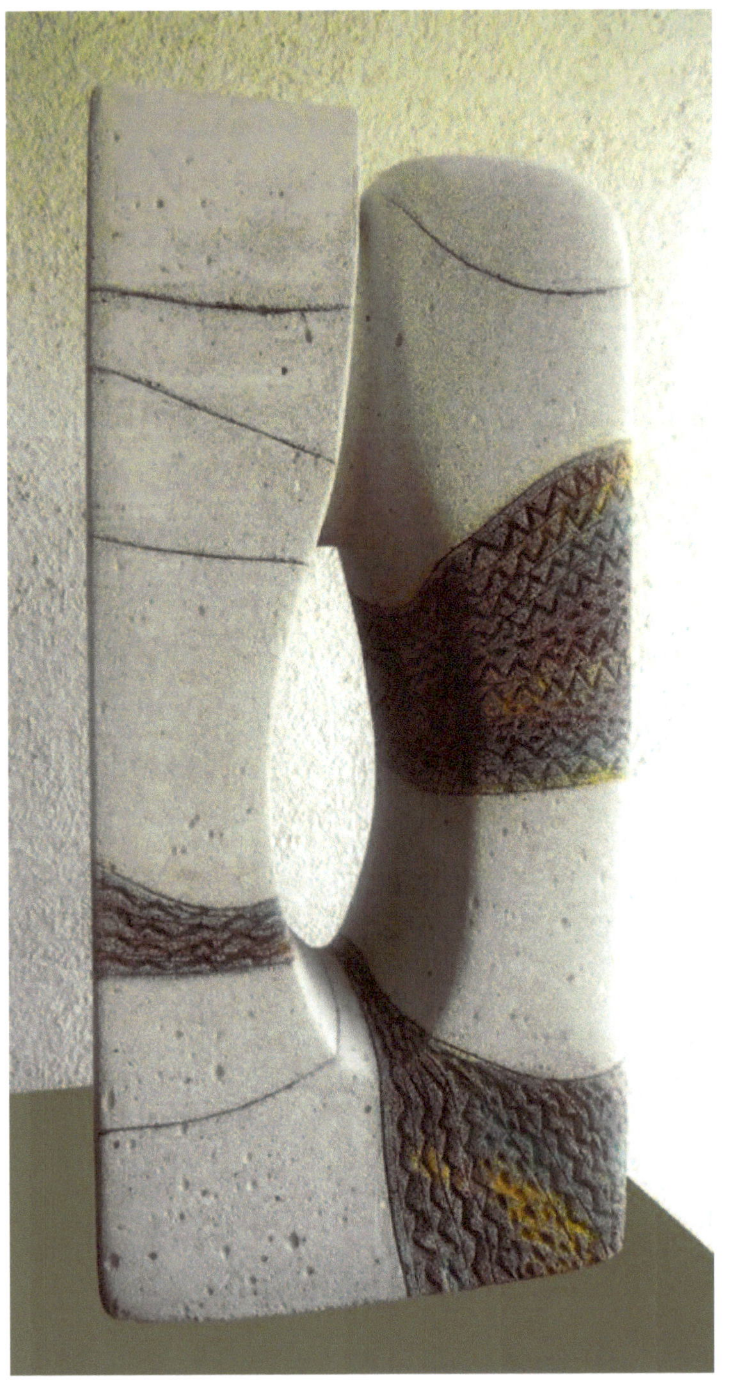

Seme, cm 60x30x24

INCONTRI

Nel corso degli anni della mia lunga carriera artistica ho incontrato tante e tante persone che hanno incrociato, per breve o lungo tempo, il mio cammino. Di alcune ricordo il tratto del volto, con alcune ho stretto rapporti di amicizia, di altre conservo gelosamente le impressioni scritte in occasione delle mie esposizioni. A critici e scrittori devo un grazie particolare per essersi soffermati ad osservare il mio operato ed a fissarne le linee interpretative con profondità di pensiero e conoscenza. Da questi incontri ho ricavato entusiasmo nel continuare ad operare, a viaggiare, a raccontare: continue vibrazioni energetiche derivanti da ogni fascia di età che scopriva, assieme a me, le sue origini.

Sono arrivati singoli visitatori da più parti del mondo, gruppi di amici, artisti, tanti bambini e giovani fortunati poiché frequentavano Istituti d'arte, altri meno fortunati, ma partecipativi: di un gruppo di disabili riporto il testo dalla grafia incerta, ma pregno di significato. Di altri propongo alcuni stralci e chiedo venia se tralascio molti incontri, ma sono grata davvero a tutti per la condivisione.

Accolti con un sorriso, abbiamo avuto il tempo "nostro" per vivere le tue opere, il tempo "condiviso" per osservarti e vedere con i tuoi occhi, il tempo "interiore" per sentire le tue opere.
Grazie perché sono poche le persone che hanno "tempo vero" per chi, come tutti noi, è SPECIALE.

I giovani disabili della Fabbricotta di Udine

31

Nella pace del mattino ho rivisto le tue opere
con l'atmosfera giusta per gustarle e
apprezzarle. Sono dei lavori carichi di significati
ed inoltre dalla fattura molto raffinata. Spero
tanto di poterne discutere ed approfondire in separata
sede. Cordialmente *[firma]* (pittore/incisore)

BERNARDA:

    COMO MUJER Y COMO ARTISTA
ME SIENTO ABSOLUTAMENTE
REPRESENTADA EN TU OBRA,
QUE ES MARAVILLOSA, PLENA DE
VIDA Y DE MUCHO AMOR!
    ¡ GRACIAS
    Verónica [firma]
    (ARGENTINA)

È un percorso nella
santità della vita... Grazie

Rivisto le mostre con pace e incontro
con grande fortuna un coro unfranzat
una altamente professionale che unisce forse
i profumo tra queste tracce del passato del
presente e del futuro. Grazie a Bernarda
alle sue opere, a questi giovani del coro
del Friuli venezia giulia. Emozione più
emozione. Stupendo!

"Complimenti ad un artista che nobilita la nostra Terra".
[firma]

Mi ha colpito la Donna Sole perché
è la madre della terra.
Chiara

Grazie per il suo
dono che ci ha
molto arricchito!
40 Ragazzi! - Gemona   Istituto S. Maria degli Angeli

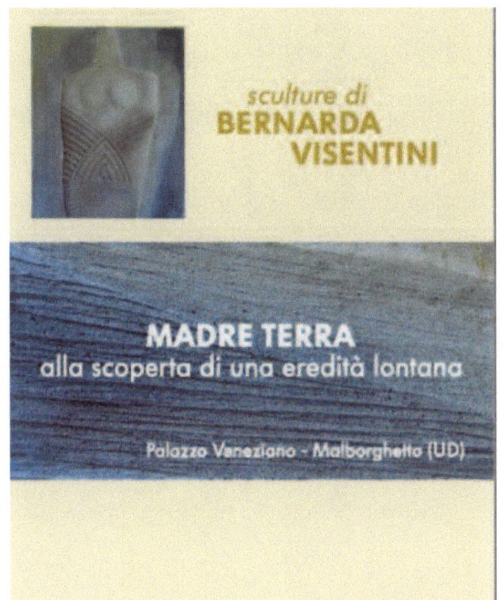

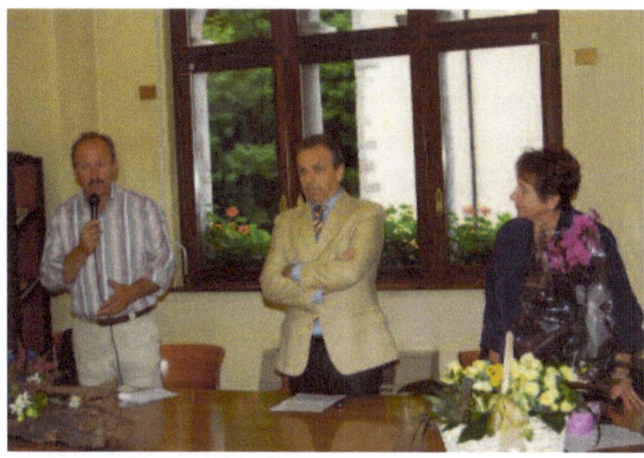

Dott. Oman e prof. Santese – Malborghetto

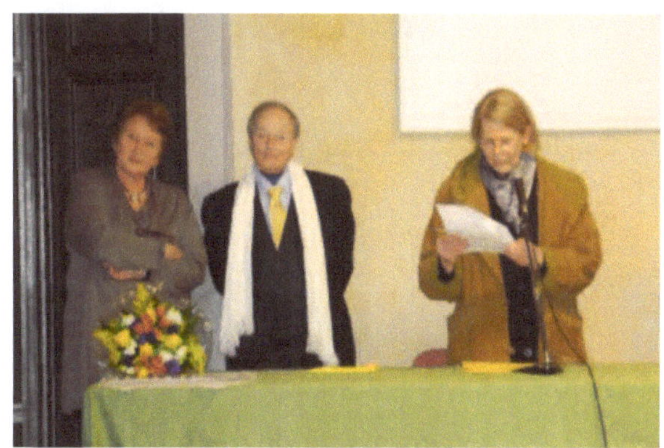

Dott. Damiani e Vidussi - Udine, Castello

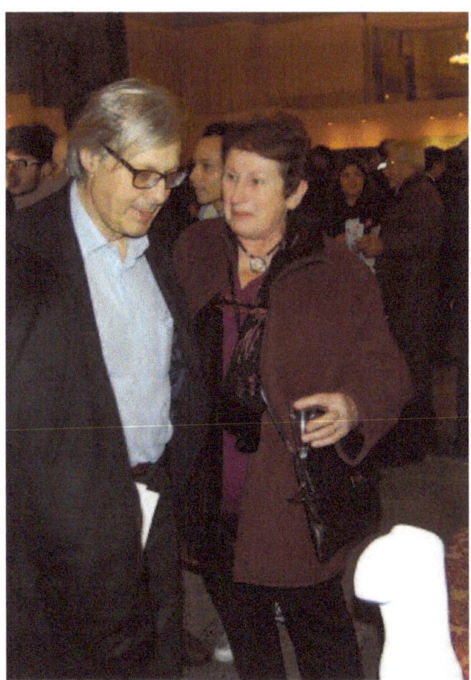

Prof. Sgarbi - Palermo, Teatro Politeama

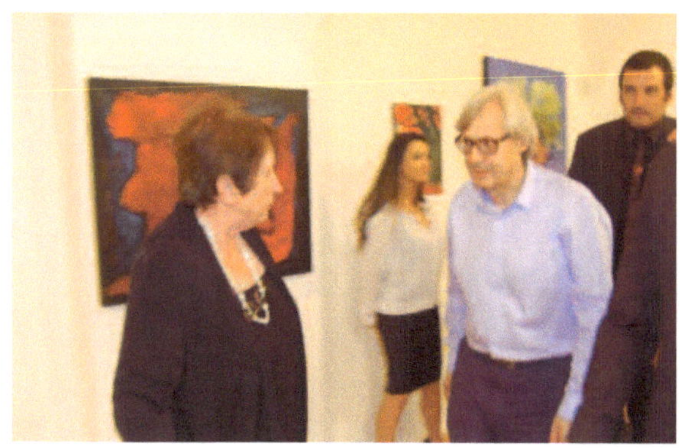

Prof. Sgarbi - Spoleto, Palazzo Leti-Sansi

Gentile Signora,

avendo avuto modo di apprezzare i Suoi lavori che traggono spunto da espressioni artistiche della preistoria, saremmo interessati ad esporne una scelta, per un periodo di circa di due mesi, negli spazi in cui è allestita la sezione preistorica presso il Castello Sforzesco.
In attesa di Suo cortese riscontro, Le invio cordiali saluti.

Ermanno A. Arslan
Direttore delle Civiche Raccolte Archeologiche e Numismatiche del Castello Sforzesco di Milano

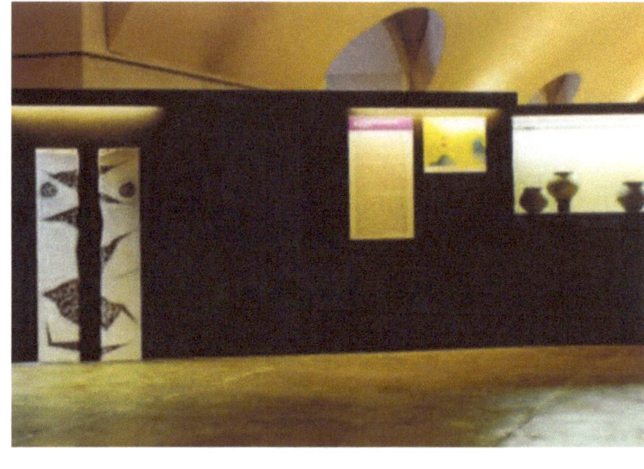

Castello Sforzesco - Sezione preistorica

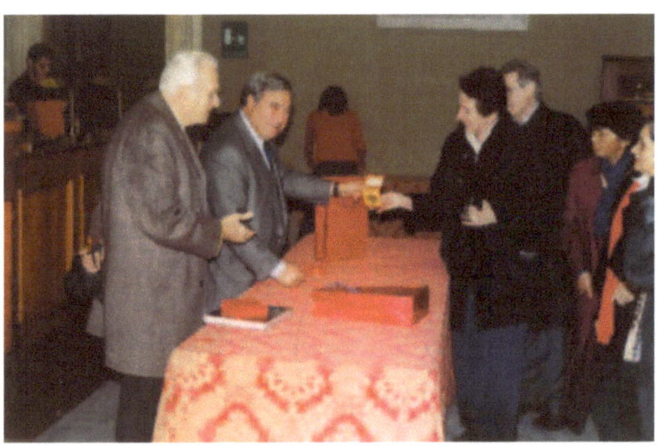

Dott. Trivellini e dott. Mannino - Roma
Campidoglio: Sala del Carroccio

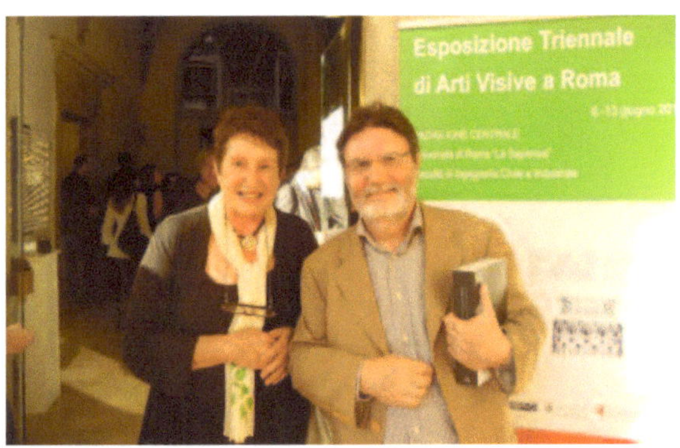

Prof. Rossi - Roma, Università "La Sapienza"

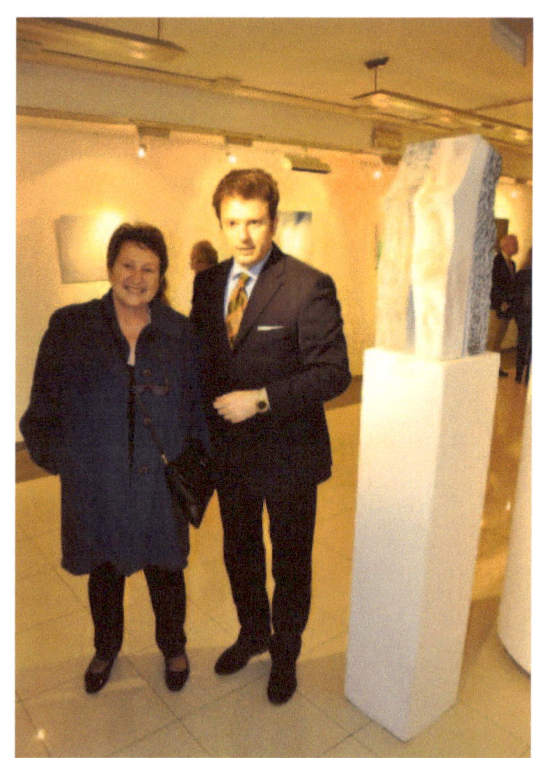

Prof. Radini Tedeschi - Roma,
Museo Fondazione Venanzo Crocetti

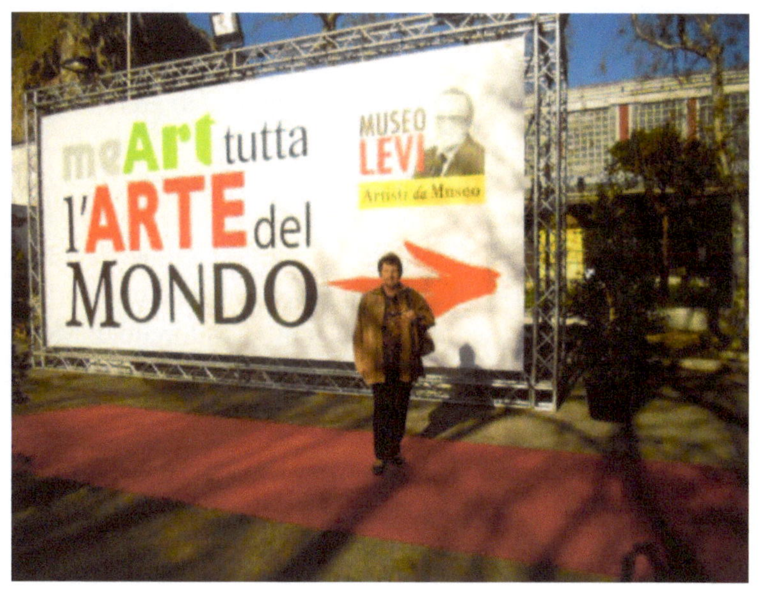

Palermo - Fiera del Mediterraneo

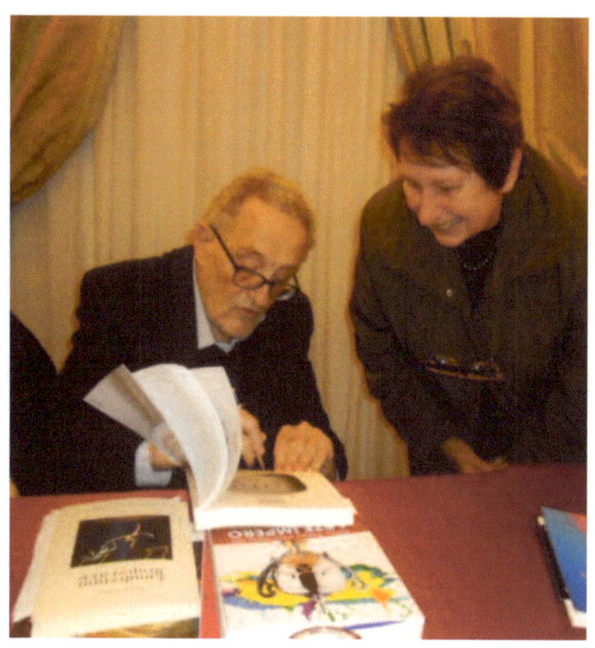

Prof. Levi - Roma, Palazzo Brancaccio

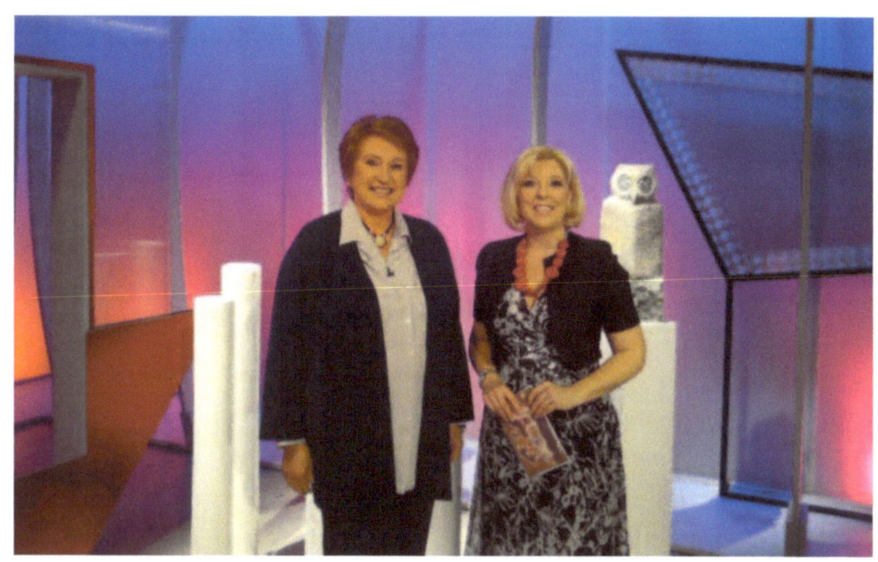

TV Capodistria - Vianello, presentatrice di "Artevisione"

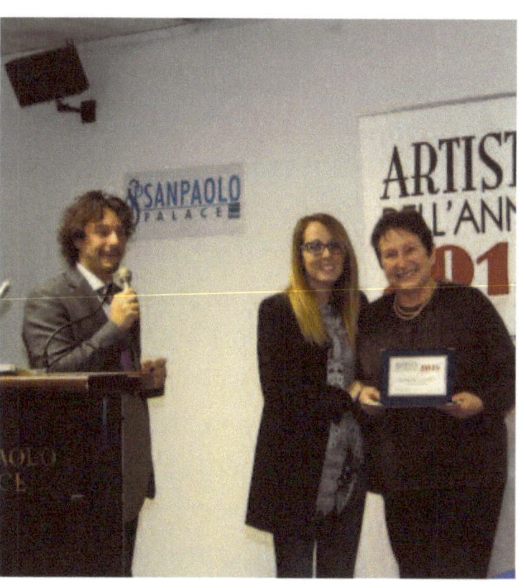

Dott. Serradifalco e dott.ssa Carlino - Palermo, Centro Congressi San Paolo Palace

BIOGRAFIA

Originaria di San Pietro al Natisone (Udine), laureata in materie letterarie, appassionata di archeologia, amante dell'Arte, espone con continuità dal 1980. I suoi studi e l'esperienza dei viaggi alla ricerca delle prime tracce dell'Uomo nei diversi siti archeologici diventano elemento di mediazione tra passato e presente e si concretizzano in personalissime elaborazioni scultoree che ripropongono i temi fondanti della vita.

Attraverso le sue sculture ed installazioni ripropone al pubblico tali tematiche, come si evince dai titoli di alcune delle sue mostre personali. Ad esempio: "Risonanze", Milano - Castello Sforzesco, Sezione preistorica; "Simbologie Universali", Udine - Chiesa di S. Antonio Abate; "Archeosculture", Castello - Colloredo di Montalbano (Ud); "Madre Terra - alla scoperta di un'eredità lontana", Malborghetto (Ud); "La Grande Madre Terra ed il suo Mondo", Udine - Casa della Contadinanza in Castello; "Nel grembo dell'Antica Madre", Gubbio - Chiesa di S. Maria Nuova.

Ha esposto in occasione di manifestazioni importanti e in sedi prestigiose. A Roma: Università degli Studi La Sapienza, "Tiltestetica", Triennale di Arti Visive, a cura di D. Radini Tedeschi; Museo Fondazione Venanzo Crocetti, "L'Italia degli Artisti. Dalla 56.a Biennale di Venezia al Giubileo della Misericordia. Talenti e maestri a confronto", a cura di S. Pieralice; Vittoriano, Triennale "Aeterna", a cura di G. Dunil; Sale del Bramante, "Da Caravaggio ai nostri giorni", a cura di P. Levi; a Palermo: 1.a e 2.a Biennale; "Porto Franco-100 artisti selezionati da Vittorio Sgarbi"; Biennale Internazionale del Mediterraneo, speciale sezione Museo Levi; a Monreale: "Eccellenze Museali", Museo Civico Sciortino; a Firenze: "Contemporanei nella Città degli Uffizi" e a Milano "Arte Milano", Teatro Dal Verme, a cura di S. Serradifalco. ed in altre sedi ancora. Si evidenziano inoltre le esposizioni personali in occasione di convegni: ad Udine, Università degli Studi; in Valcamonica, Convegni internazionali di Arte Preistorica; ed ancora all'estero, ad esempio in Austria, in Ungheria, in Slovenia.

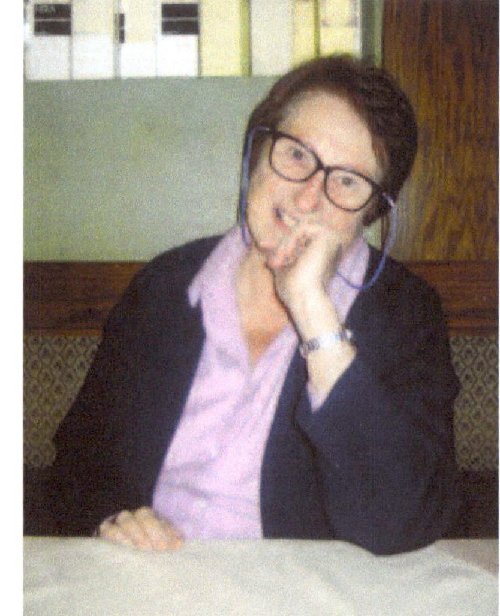

Ha conseguito numerosi premi e riconoscimenti, fra i quali: Premio della critica al Concorso Internazionale Tokyo 2011, Eccellenza Stilistica - Palermo, Premio dei Normanni - Monreale, Premio Primo Concorso Effetto Arte, Premio Oscar dell'Arte con J. Charles Spina-Montecarlo, Premio internazionale Paolo Levi - Milano, Celebrazioni dell'Estetica Paradisiaca: Riconoscimento al merito per il Maestro Bernarda Visentini - Roma… Nel 2005 con atto notarile è stata chiamata a far parte dell'Accademia de " i 500" per le Arti Scienze e Cultura - Roma in qualità di Accademico di Merito, esponente del mondo artistico e culturale italiano.

Molti illustri critici e scrittori si sono occupati della sua arte ed è inserita in numerose pubblicazioni ed enciclopedie.
Tutti gli aggiornamenti riguardanti la sua attività artistica sono riportati nel sito: **www.archeosculture.com**

BIOGRAPHY

Bernarda Visentini is from S. Pietro al Natisone (Udine), she is graduated in Humanities, she is passionated about archaeology, art lover, she exhibits continuously from 1980. Her studies and the experience she made during her travels searching the first traces of man in different archaeological sites become a mediating element between past and present and they take the form of very personal sculptural elaborations that reproduce the fundamental themes of life.

Through her sculptures and installations she presents these themes to the public, as it can be seen from the titles of some of her solo exhibitions, for example: "Resonances", Milan - Castello Sforzesco, Prehistoric Section; "Universal symbologies", Udine - Church of S. Antonio Abate; "Archeosculptures", Castle - Colloredo di Montalbano (Ud), "Mother Earth discovering a distant heritage", Malborghetto (Ud); "The Great Mother Earth and her World", Udine - House of Contadinanza in Castello; "In the womb of the Ancient Mother", Gubbio - Church of S. Maria Nuova.

She exhibited at important events and in prestigious places. In Rome: University of La Sapienza, "Til-testetica", Triennial of Visual Arts, curated by D. Radini Tedeschi; Museo Venanzo Crocetti Foundation, "Italy of Artists. From the 56th Venice Biennale to the Jubilee of Mercy. Talents and masters in comparison", edited by S. Pieralice; Vittoriano, Triennale "Aeterna", edited by G. Dunil; Sale del Bramante, "From Caravaggio to our days", edited by P. Levi; in Palermo: 1st and 2nd Biennial; "Porto Franco - 100 artists selected by Vittorio Sgarbi"; International Biennial of the Mediterranean, special section of the Levi Museum; in Monreale: "Museum Excellences", Museo Civico Sciortino; in Florence: "Contemporaries in the City of Uffizi" and in Milan "Arte Milano", Teatro Dal Verme, curated by S. Serradifalco. and in other locations too.
There are also solo exhibitions during conferences: in Udine, University of Studies; in Valcamonica, International Conferences of Prehistoric Art; and still abroad, for example in Austria, Hungary, Slovenia.

She has won numerous prizes and awards, including: Critics' Prize at the 2011 Tokyo International Competition, Stylistic Excellence- Palermo, Premio dei Normanni - Monreale, First Effetto Arte Competition Prize, Oscar Art Award with J. Charles Spina-Montecarlo, Paolo Levi International Prize - Milan, Celebrations of Paradisiacal Aesthetics: Merit recognition for Maestro Bernarda Visentini - Rome ... In 2005, with a notary deed, she was invited to take part in the Accademia of "i 500" for the Arts, Sciences and Culture - Rome as Academic of Merit, exponent of the Italian artistic and cultural world.

Many illustrious critics and writers have dealt with her art and she is included in numerous publications and encyclopaedias. All the updates concerning her artistic activity are reported on the website: www.archeo-sculture. com

BIBLIOGRAFIA ESSENZIALE

La presente bibliografia si limita alle principali pubblicazioni edite nel corso degli ultimi anni.

Riem Natale A. et Al., 2007. The Goddes Awakened, Ed. Universitaria Udinese

Catalogo degli Scultori Italiani, 2007-2008 - Ed. Giorgio Mondadori

Serradifalco S., 2009. Grandi Maestri - Centro Diffusione Arte, Palermo

Catalogo degli Scultori Italiani, 2009-2010 - Ed. Giorgio Mondadori

Levi P., 2010. Tra le file dell'Arcaismo - Ed. Giorgio Mondadori

Gli artisti italiani dal primo Novecento ad oggi, Catalogo dell'Arte Moderna n. 46, 2010 - Ed. G. Mondadori

Serradifalco S., 2010. Grandi Maestri - Centro Diffusione Arte, Palermo

Valeri S. e Rossi S., 2011. Manent - Libro d'oro dell'Arte contemporanea - Ass.ne "La Rosa dei Venti", Roma

Santese E., 2011. Festival d'Arte e Poesia - Comune di Osoppo (Ud)

Levi P., 2011. Creazioni - I Libri di Effetto Arte - EA, Palermo

Serradifalco S., 2011. Grandi Maestri - Centro Diffusione Arte, Palermo

Catalogo degli Scultori Italiani, 2011-2012 - Ed. Giorgio Mondadori

La Panarie, Rivista Friulana di Cultura, 2012 - La Nuova Base Editore, Udine

Dragone V., 2012. L'Anima del Dipinto 2 - Campanotto Editore, Udine

Pinto R., 2013. Fra Tradizione e Innovazione - Artisti Europei da non dimenticare - Ed. Napoli Nostra

Serradifalco S., 2013. Vernissage - I Grandi dell'Arte - EA, Palermo

Enciclopedia d'Arte Italiana - vol. n.2, 2013

Radini Tedeschi D. et Al., 2014. Tiltestetica - Esposizione Triennale di Arti Visive - Ed. Giorgio Mondadori

Enciclopedia d'Arte Italiana - vol. n.3, 2014

Levi P., 2014. Protagonisti dell'Arte 2014 - Dal XIX secolo ad oggi - La scultura - EA , Palermo

Porto Franco - Gli artisti sdoganati da Vittorio Sgarbi, 2014 - EA, Palermo

Russo S.e Russo F., 2014. The best Modern and Contemporary Artists 2014 - EA, Palermo

Levi P., Serradifalco S., Sgarbi V., 2014. Catalogo della 1.a Biennale della Creatività in Italia - EA, Palermo

La Panarie, Rivista Friulana di Cultura, 2015 - La Nuova Base Editore, Udine

Levi P. et Al., 2015. Eccellenze - Sguardi sulla scultura contemporanea - EA, Palermo

Sgarbi V., 2015. Spoleto Arte - ed. Leima, Palermo

Dragone V. e Visentini B., 2015. Antichi risvegli - Toffoletti, Tarcento

Pinto R., 2015. Fra tradizione e innovazione - Artisti europei da non dimenticare - Ed. Napoli Nostra

I segnalati alla 2.a Biennale Internazionale di Palermo, 2015 - EA, Palermo

Levi P., 2016. D.O.C. Artisti su cui investire - EA, Palermo

Enciclopedia d'Arte Italiana - vol. n. 5, 2016

Levi P., 2016. Catalogo Generale Triennale - Verona - EA, Palermo

Sgarbi V., 2016. Italiani, dalla figurazione al concettuale - selezione d'Arte Contemporanea - EA, Palermo
Enciclopedia d'Arte Italiana - vol. n. 5, 2016
Pieralice S. e Radini Tedeschi D., 2016. Estetica Paradisiaca - Tritype, Tivoli
Enciclopedia d'Arte Italiana - vol. n. 6, 2017
Marasà D., 2017. Polychromia - Studio Byblos, Palermo
Serradifalco S. e Sgarbi,V., 2017. Bernarda Visentini - EA, Palermo
Dunil G. et Al., 2017. Aeterna - Catalogo Triennale Arti Visive - Start ed., Roma
Enciclopedia d'Arte Italiana - vol. n. 7, 2018
Sgarbi V., 2018. Collezione Sgarbi - Raccolta delle Stampe e dei Disegni (opere archiviate
n. S-0265 e n. S-0266)
Inoltre: - video La condizione astratta della forma - Bernarda Visentini di P. Levi
     - TV Capodistria: Artevisione, intervista di L.Vianello a Bernarda Visentini

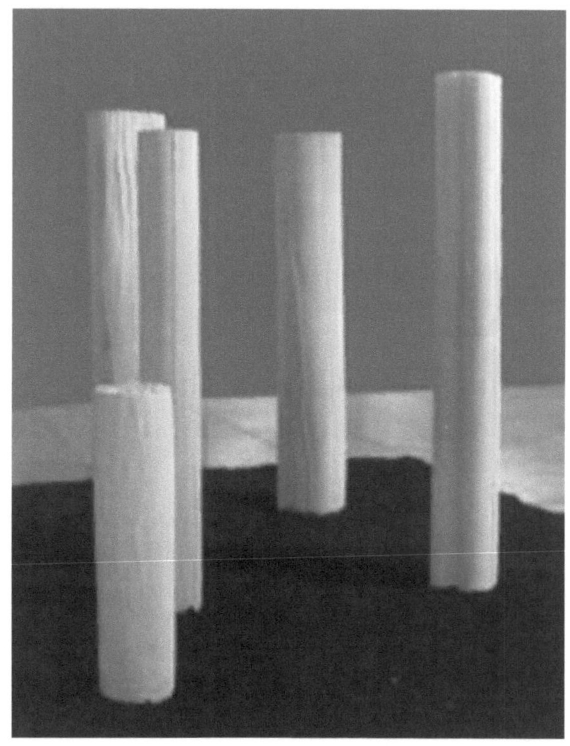

Sigilli - 5 elementi,
misure da cm 83x21x15 a cm 125x16x14,
installazione

INDICE